MINISTÈRE DE L'AGRICULTURE, DU COMMERCE
ET DES TRAVAUX PUBLICS.

CODE DE LA PÊCHE FLUVIALE.

INSTRUCTION
POUR LES GARDES-PÊCHE.

INSTRUCTIONS PRATIQUES
POUR LE REPEUPLEMENT DES COURS D'EAU.

PARIS.
IMPRIMERIE IMPÉRIALE.

M DCCC LXIV.

MINISTÈRE DE L'AGRICULTURE, DU COMMERCE
ET DES TRAVAUX PUBLICS.

CODE DE LA PÊCHE FLUVIALE.

INSTRUCTION
POUR
LES GARDES-PÊCHE.

INSTRUCTIONS PRATIQUES
POUR
LE REPEUPLEMENT DES COURS D'EAU.

CODE DE LA PÊCHE FLUVIALE.

(Loi du 15 avril 1829, promulguée le 24 du même mois.) (1)

TITRE Ier. — Du droit de pêche.

ARTICLE PREMIER. Le droit de pêche sera exercé au profit de l'État,

1° Dans tous les fleuves, rivières, canaux et contre-fossés navigables ou flottables avec bateaux, trains ou radeaux, et dont l'entretien est à la charge de l'État ou de ses ayants cause. *C. N. 538.*

---

(1) Un décret du 29 avril 1862 a placé dans les attributions du Ministère de l'Agriculture, du Commerce et des Travaux publics, la surveillance, la police et l'exploitation de la pêche dans les fleuves et rivières navigables et flottables non compris dans les limites de la pêche maritime, ainsi que la police et la surveillance de la pêche dans les canaux, rivières, ruisseaux et cours d'eau quelconques non navigables ni flottables.

Les abréviations placées à la suite de plusieurs articles de la présente loi ont les significations suivantes :

C. N. Code Napoléon.

I. Cr. Code d'instruction criminelle.

F. Code forestier, loi du 21 mai 1827.

Ch. Code de la chasse, loi du 3 mai 1844.

P. F. Code de la pêche fluviale, loi du 15 avril 1829.

2° Dans les bras, noues, boires et fossés qui tirent leurs eaux des fleuves et rivières navigables ou flottables dans lesquels on peut en tout temps passer ou pénétrer librement en bateau de pêcheur, et dont l'entretien est également à la charge de l'État.

Sont toutefois exceptés les canaux et fossés existants ou qui seraient creusés dans des propriétés particulières, et entretenus aux frais des propriétaires.

2. Dans toutes les rivières et canaux autres que ceux qui sont désignés dans l'article précédent, les propriétaires riverains auront, chacun de son côté, le droit de pêche jusqu'au milieu du cours de l'eau, sans préjudice des droits contraires établis par possessions ou titres.

3. Des ordonnances royales, insérées au Bulletin des lois, détermineront, après une enquête *de commodo et incommodo*, quelles sont les parties des fleuves et rivières et quels sont les canaux désignés dans les deux premiers paragraphes de l'article 1er où le droit de pêche sera exercé au profit de l'État (1).

De semblables ordonnances fixeront les limites entre la pêche fluviale et la pêche maritime dans les fleuves et rivières affluant à la mer. Ces limites seront les mêmes que celles de l'inscription maritime; mais la pêche qui se fera au-dessus du point où les eaux cesseront d'être salées sera soumise aux règles de police et

---

(1) Une ordonnance du 10 juillet 1835 a déterminé les parties des fleuves et rivières et des canaux navigables ou flottables en trains sur lesquels la pêche doit être exercée au profit de l'État, conformément aux dispositions des articles 1 et 3 de la présente loi. La 5e colonne du tableau annexé à cette ordonnance indique le point jusqu'où s'étend l'action de l'inscription maritime.

Diverses modifications ont été apportées à l'ordonnance du 10 juillet 1835 par des ordonnances et décrets insérés au Bulletin des lois.

de conservation établies pour la pêche fluviale (1). *P. F. 36, Décr. 27 nov. 1859.*

Dans le cas où des cours d'eau seraient rendus ou déclarés navigables ou flottables, les propriétaires qui seront privés du droit de pêche auront droit à une indemnité préalable, qui sera réglée selon les formes prescrites par les articles 16, 17 et 18 de la loi du 8 mars 1810, compensation faite des avantages qu'ils pourraient retirer de la disposition prescrite par le Gouvernement. *P. F. 2.*

4. Les contestations entre l'Administration et les adjudicataires relatives à l'interprétation et à l'exécution des conditions des baux et adjudications, et toutes celles qui s'élèveraient entre l'Administration ou ses ayants cause et des tiers intéressés, à raison de leurs droits ou de leurs propriétés, seront portées devant les tribunaux.

5. Tout individu qui se livrera à la pêche sur les fleuves et rivières navigables ou flottables, canaux, ruisseaux ou cours d'eau quelconques, sans la permission de celui à qui le droit de pêche appartient, sera condamné à une amende de vingt francs au moins et de cent francs au plus, indépendamment des dommages-intérêts. *P. F. 36, 69 à 72.*

Il y aura lieu, en outre, à la restitution du prix du poisson qui aura été pêché en délit, et la confiscation des filets et engins de pêche pourra être prononcée. *P. F. 41, 73.*

Néanmoins, il est permis à tout individu de pêcher à la ligne flottante, tenue à la main, dans les fleuves, rivières et canaux désignés dans les deux premiers paragraphes de l'article 1er de la présente loi, le temps du frai excepté. *P. F. 26, § 1er.*

---

(1) Les limites de la pêche maritime et de la salure des eaux dans les fleuves, rivières et canaux compris dans les quatre premiers arrondissements maritimes (Cherbourg, Brest, Lorient et Rochefort) ont été fixées par quatre décrets en date du 4 juillet 1853. Ces décrets modifient, sur un grand nombre de points, les indications portées dans la 5e colonne du tableau annexé à l'ordonnance du 10 juillet 1835.

TITRE II. — De l'administration et de la régie de la pêche.

6. (*3 du Code forestier.*) Nul ne peut exercer l'emploi de garde-pêche, s'il n'est âgé de vingt-cinq ans accomplis.

7. (*5 du Code forestier.*) Les préposés chargés de la surveillance de la pêche ne pourront entrer en fonctions qu'après avoir prêté serment devant le tribunal de première instance de leur résidence, et avoir fait enregistrer leur commission et l'acte de prestation de leur serment au greffe des tribunaux dans le ressort desquels ils devront exercer leurs fonctions.

Dans le cas d'un changement de résidence qui les placerait dans un autre ressort en la même qualité, il n'y aura pas lieu à une nouvelle prestation de serment.

8. Les gardes-pêche pourront être déclarés responsables des délits commis dans leurs cantonnements, et passibles des amendes et indemnités encourues par les délinquants, lorsqu'ils n'auront pas dûment constaté les délits. *F. 6.*

9. L'empreinte des fers dont les gardes-pêche font usage pour la marque des filets, sera déposée au greffe des tribunaux de première instance. *F. 7.*

TITRE III. — Des adjudications des cantonnements de pêche (1).

10. (*Loi du 6 juin 1840.*) « La pêche au profit de l'État sera exploitée, soit par voie d'adjudication publique, soit par concession par licences à prix d'argent.

---

(1) Dispositions relatives à la mise en ferme du droit de pêche dans les fleuves, rivières et canaux navigables et flottables :

— I° Décret du 29 arvil 1862. — Art. 1er. La surveillance, la police

« Le mode de concession par licences ne sera employé que lorsque l'adjudication aura été tentée sans succès.

« Toutes les fois que l'adjudication d'un cantonnement de pêche n'aura pu avoir lieu, il sera fait mention, dans le procès-verbal de la séance, des mesures qui auront été prises pour donner toute la publicité possible à la mise en adjudication, et des circonstances qui se seront opposées à la location (1).

11. L'adjudication publique devra être annoncée au moins quinze jours à l'avance par des affiches apposées dans le chef-lieu

---

et l'exploitation de la pêche dans les fleuves, rivières et canaux navigables et flottables non compris dans les limites de la pêche maritime, ainsi que la surveillance et la police dans les canaux, rivières, ruisseaux et cours d'eau quelconques non navigables ni flottables, sont placées dans les attributions de notre ministre secrétaire d'État de l'agriculture, du commerce et des travaux publics, et confiées à l'administration des ponts et chaussées.

— II° Décret du 25 mars 1863. — Art. 1er. A partir du 1er juillet 1863, les fermages de la pêche et de la chasse sur les cours d'eau, les produits de la récolte des francs-bords et les redevances pour prises d'eau et permissions d'usines, seront recouvrés par l'administration des contributions indirectes dans les fleuves et rivières navigables et flottables, comme dans les canaux et rivières canalisées.

(1) *Ancien article 10.*—La pêche au profit de l'État sera exploitée, soit par voie d'adjudication publique aux enchères et à l'extinction des feux, conformément aux dispositions du présent titre, soit par concession de licences à prix d'argent.

Le mode de concession par licences ne pourra être employé qu'à défaut d'offres suffisantes.

En conséquence, il sera fait mention, dans les procès-verbaux d'adjudication, des mesures qui auront été prises pour leur donner toute la publicité possible et des offres qui auront été faites.

du département, dans les communes riveraines du cantonnement et dans les communes environnantes. *F. 17.*

12. (*18 du Code forestier.*) Toute *location* faite autrement que par adjudication publique sera considérée comme clandestine et déclarée nulle. Les fonctionnaires et agents qui l'auraient ordonnée ou effectuée, seront condamnés solidairement à une amende *égale au double* du fermage annuel du cantonnement de pêche.

Sont exceptées les concessions par voie de licence.

13. (*19 du Code forestier.*) Sera de même annulée toute adjudication qui n'aura point été précédée des publications et affiches prescrites par l'article 11, ou qui aura été effectuée dans d'autres lieux, à autres jour et heures que ceux qui auront été indiqués par les affiches ou les procès-verbaux de remise en location.

Les fonctionnaires ou agents qui auraient contrevenu à ces dispositions seront condamnés solidairement à une amende égale à la valeur annuelle du cantonnement de pêche; et une amende pareille sera prononcée contre les adjudicataires en cas de complicité.

14. (*Loi du 6 juin 1840.*) « Toutes les contestations qui pourront s'élever pendant les opérations d'adjudication, soit sur la validité desdites opérations, soit sur la solvabilité de ceux qui auront fait des offres et de leurs cautions, seront décidées immédiatement par le fonctionnaire qui présidera la séance d'adjudication (1). » *F. 20.*

15. (*21 du Code forestier.*) Ne pourront prendre part aux adju-

---

(1) *Ancien article 14.* — Toutes les contestations qui pourront s'élever, pendant les opérations d'adjudication, sur la validité des enchères ou sur la solvabilité des enchérisseurs et des cautions, seront décidées immédiatement par le fonctionnaire qui présidera la séance d'adjudication.

dications, ni par eux-mêmes, ni par personnes interposées, directement ou indirectement, soit comme parties principales, soit comme associés ou cautions;

1° Les agents et les gardes forestiers et les gardes-pêche, dans toute l'étendue du royaume; les fonctionnaires chargés de présider ou de concourrir aux adjudications et les receveurs du produit de la pêche, dans toute l'étendue du territoire où ils exercent leurs fonctions;

En cas de contravention, ils seront punis d'une amende qui ne pourra excéder le quart ni être moindre du douzième du montant de l'adjudication, et ils seront, en outre, passibles de l'emprisonnement et de l'interdiction qui sont prononcés par l'article 175 du Code pénal;

2° Les parents et alliés en ligne directe, les frères et beaux-frères, oncles et neveux des agents et gardes forestiers et gardes-pêche, dans toute l'étendue du territoire pour lequel ces agents ou gardes sont commissionnés;

En cas de contravention, ils seront punis d'une amende égale à celle qui est prononcée par le paragraphe précédent;

3° Les conseillers de préfecture, les juges, officiers du ministère public et greffiers des tribunaux de première instance, dans tout l'arrondissement de leur ressort.

En cas de contravention, ils seront passibles de tous dommages-intérêts, s'il y a lieu.

Toute adjudication qui serait faite en contravention aux dispositions du présent article sera déclarée nulle.

16. (*Loi du 6 juin 1840.*) « Toute association secrète, toute manœuvre entre les pêcheurs ou autres, tendant à nuire aux adjudications, à les troubler ou à obtenir les cantonnements de pêche à plus bas prix, donnera lieu à l'application des peines portées par l'article 412 du Code pénal, indépendamment de tous dommages-intérêts; et si l'adjudication a été faite au profit de l'asso-

ciation secrète ou des auteurs desdites manœuvres, elle sera déclarée nulle (1). » *F. 22.*

17. (*23 du Code forestier.*) Aucune déclaration de commande ne sera admise, si elle n'est faite immédiatement après l'adjudication et séance tenante.

18. (*24 du Code forestier.*) Faute par l'adjudicataire de fournir les cautions exigées par le cahier des charges dans le délai prescrit, il sera déclaré déchu de l'adjudication par un arrêté du préfet, et il sera procédé, dans les formes ci-dessus prescrites, à une nouvelle adjudication du cantonnement de pêche, à sa folle enchère.

L'adjudicataire déchu sera tenu, par corps, de la différence entre son prix et celui de la nouvelle adjudication, sans pouvoir réclamer l'excédant, s'il y en a.

19. (*Loi du 6 juin 1840.*) « Toute adjudication sera définitive du moment où elle sera prononcée, sans que, dans aucun cas, il puisse y avoir lieu à surenchère (2). » *F. 25.*

---

(1) *Ancien article 18.* — Toute association secrète ou manœuvre entre les pêcheurs ou autres, tendant à nuire aux enchères, à les troubler ou à obtenir les *cantonnements de pêche* à plus bas prix, donnera lieu à l'application des peines portées par l'article 412 du Code pénal, indépendamment de tous dommages-intérêts; et si l'adjudication a été faite au profit de l'association secrète ou des auteurs desdites manœuvres, elle sera déclarée nulle.

(2) *Ancien article 19.* — Toute personne capable et reconnue solvable sera admise, jusqu'à l'heure de midi du lendemain de l'adjudication, à faire une offre de surenchère, qui ne pourra être moindre du cinquième du montant de l'adjudication.

Dès qu'une pareille offre aura été faite, l'adjudicataire et les surenchérisseurs pourront faire de semblables déclarations de simple surenchère jusqu'à l'heure de midi du surlendemain de l'adjudication, heure à laquelle le plus offrant restera définitivement adjudicataire.

Toutes déclarations de surenchère devront être faites au secrétariat

20. (*Loi du 6 juin 1840.*) « Les divers modes d'adjudication seront déterminés par une ordonnance royale (1). »

« Les adjudications auront toujours lieu avec publicité et concurrence (2). » *F. 26.*

21. (*Loi du 6 juin 1840.*) « Les adjudicataires seront tenus d'élire domicile dans le lieu où l'adjudication aura été faite ; à défaut de quoi, tous actes postérieurs leur seront valablement signifiés au secrétariat de la sous-préfecture (3). » *F. 27.*

---

qui sera indiqué par le cahier des charges, et dans les délais ci-dessus fixés ; le tout sous peine de nullité.

Le secrétaire commis à l'effet de recevoir ces déclarations, sera tenu de les consigner immédiatement sur un registre à ce destiné, d'y faire mention expresse du jour et de l'heure précise où il les aura reçues, et d'en donner communication à l'adjudicataire et aux surenchérisseurs, dès qu'il en sera requis ; le tout sous peine de trois cents francs d'amende, sans préjudice de plus fortes peines en cas de collusion.

En conséquence, il n'y aura lieu à aucune signification des déclarations de surenchère, soit par l'Administration, soit par les adjudicataires et surenchérisseurs.

(1) Ordonnance du 28 octobre 1840. — Art. 1er. A l'avenir, les adjudications du droit de pêche à exercer au profit de l'État, dans les fleuves, rivières et cours d'eau navigables et flottables, pourront se faire par adjudications au rabais ou par adjudications aux enchères et à l'extinction des feux.

2. Lorsque l'adjudication publique aura été tentée sans succès, l'exercice du droit de pêche pourra être concédé par licences à prix d'argent, sur l'autorisation du directeur général des forêts.

(2) *Ancien article 20.* — Toutes contestations au sujet de la validité des surenchères seront portées devant les conseils de préfecture.

(3) *Ancien article 21.* — Les adjudicataires et surenchérisseurs sont tenus, au moment de l'adjudication ou de leur déclaration de surenchère, d'élire domicile dans le lieu où l'adjudication aura été faite : faute par eux de le faire, tous actes postérieurs leur seront valablement signifiés au secrétariat de la sous-préfecture.

22. (*28 du Code forestier.*) Tout procès-verbal d'adjudication emporte exécution parée et contrainte par corps contre les adjudicataires, leurs associés et cautions, tant pour le payement du prix principal de l'adjudication que pour accessoires et frais.

Les cautions sont en outre contraignables, solidairement et par les mêmes voies, au payement des dommages, restitutions et amendes qu'aurait encourus l'adjudicataire.

TITRE IV. — Conservation et police de la pêche.

23. Nul ne pourra exercer le droit de pêche dans les fleuves et rivières navigables ou flottables, les canaux, ruisseaux ou cours d'eau quelconques, qu'en se conformant aux dispositions suivantes.

24. Il est interdit de placer dans les rivières navigables ou flottables, canaux et ruisseaux, aucun barrage, appareil ou établissement quelconque de pêcherie ayant pour objet d'empêcher entièrement le passage du poisson.

Les délinquants seront condamnés à une amende de cinquante francs à cinq cents francs, et, en outre, aux dommages-intérêts; et les appareils ou établissements de pêche seront saisis et détruits. *P. F. 69 s.*

25. Quiconque aura jeté dans les eaux des drogues ou appâts qui sont de nature à enivrer le poisson ou à le détruire, sera puni d'une amende de trente francs à trois cents francs, et d'un emprisonnement d'un mois à trois mois. *P. F. 69 s.; Ch. 12, 5°.*

26. Des ordonnances royales (1) détermineront :

---

(1) Le vœu de la loi a été rempli par les ordonnances suivantes :

— I° Ordonnances du 15 novembre 1830. — Art. 1er. Sont prohibés, sous les peines portées par l'article 28 de la loi du 15 avril 1829,

1° Les filets traînants;

2° Les filets dont les mailles carrées, sans accrues, et non tendues,

1° Les temps, saisons et heures pendant lesquels la pêche sera interdite dans les rivières et cours d'eau quelconques. *P. F. 27;*

2° Les procédés et modes de pêche qui, étant de nature à nuire au repeuplement des rivières, devront être prohibés. *P. F. 28;*

3° Les filets, engins et instruments de pêche qui seront défendus comme étant aussi de nature à nuire au repeuplement des rivières. *P. F. 28;*

---

ni tirées en losange, auraient moins de 30 millimètres de chaque côté, après que le filet aura séjourné dans l'eau;

3° Les bires, nasses ou autres engins dont les verges en osier seraient écartées entre elles de moins de 30 millimètres.

2. Sont néanmoins autorisés pour la pêche des goujons, ablettes, loches, vérons, vandoises et autres poissons de petite espèce, les filets dont les mailles auront 15 millimètres de largeur, et les nasses d'osier ou autres engins dont les baguettes ou verges seront écartées de 15 millimètres. Les pêcheurs auront aussi la faculté de se servir de toute espèce de nasses en jonc à jour, quel que soit l'écartement de leurs verges. *V. Ord. du 28 février 1842.*

3. Quiconque se servira pour une autre pêche que celle qui est indiquée dans l'article précédent, des filets spécialement affectés à cet usage, sera puni des peines portées par l'article 28 de loi du 15 avril 1829.

4. Aucune restriction, ni pour le temps de la pêche, ni pour l'emploi des filets ou engins, ne sera imposée aux pêcheurs du Rhin. *V. Ord. du 22 décembre 1840.*

5. Dans chaque département, le préfet déterminera, sur l'avis du conseil général et après avoir consulté les agents forestiers, les temps, saisons et heures pendant lesquels la pêche sera interdite dans les rivières et cours d'eau.

6. Il fera également un règlement dans lequel il déterminera et divisera les filets et engins qui, d'après les règles ci-dessus, devront être interdits.

7. Sur l'avis du conseil général, et après avoir consulté les agents

4° Les dimensions de ceux dont l'usage sera permis dans les divers départements pour la pêche des différentes espèces de poissons. *P. F. 29 ;*

5° Les dimensions au-dessous desquelles les poissons de certaines espèces qui seront désignées, ne pourront être pêchés et devront être rejetés en rivière. *P. F. 30 ;*

6° Les espèces de poissons avec lesquelles il sera défendu d'appâter les hameçons, nasses, filets ou autres engins. *P. F. 31.*

---

forestiers, il pourra prohiber les procédés et modes de pêche qui lui sembleront de nature à nuire au repeuplement des rivières.

8. Les règlements des préfets devront être homologués par ordonnances royales.

9. Notre ministre secrétaire d'État des finances est chargé de l'exécution de la présente ordonnance.

— II° Ordonnance du 22 décembre 1840, exécutoire à partir du 1er janvier suivant, qui homologue deux arrêtés, en date des 10 septembre et 3 décembre 1840, par lesquels les préfets des départements du Haut-Rhin et du Bas-Rhin ont proposé, par dérogation à l'article 4 de l'ordonnance du 15 novembre 1830, d'interdire dans le Rhin :

1° La pêche du saumoneau, pendant les mois de mars, avril et mai de chaque année ;

2° La pêche et la destruction de la femelle du saumon, pendant les mois de novembre et de décembre ;

3° L'usage des filets à mailles d'une largeur inférieure à 25 millimètres.

— III° Ordonnance du 28 février 1842. — Art. 1er. L'article 2 de notre ordonnance du 15 novembre 1830 est modifié en ce qui concerne la pêche des ablettes seulement, dans ce sens que la largeur des mailles de filets et l'écartement des baguettes ou verges des nasses d'osier ou autres engins employés à cette pêche pourront être réduits à *huit* millimètres.

2. Les préfets, dans chaque département, détermineront dans quels lieux et à quelles conditions ce mode spécial de pêche pourra être pratiqué.

27. Quiconque se livrera à la pêche pendant les temps, saisons et heures prohibés par les ordonnances, sera puni d'une amende de trente à deux cents francs. *P. F. 26 § 1er, 69 s.*

28. Une amende de trente à cent francs sera prononcée contre ceux qui feront usage, en quelque temps et en quelque fleuve, rivière, canal ou ruisseau que ce soit, de l'un des procédés ou modes de pêche ou de l'un des instruments ou engins de pêche prohibés par les ordonnances. *P. F. 26 §§ 2 et 3, 69 s.*

Si le délit a eu lieu pendant le temps du frai, l'amende sera de soixante à deux cents francs. *P. F. 26 § 1er, 69 s.*

29. Les mêmes peines sont prononcées contre ceux qui se serviront, pour une autre pêche, de filets permis seulement pour celle du poisson de petite espèce. *P. F. 26 § 4, 69 s.*

Ceux qui seront trouvés porteurs ou munis, hors de leur domicile, d'engins ou d'instruments de pêche prohibés pourront être condamnés à une amende qui n'excédera pas vingt francs, et à la confiscation des engins ou instruments de pêche, à moins que ces engins ou instruments ne soient destinés à la pêche dans les étangs ou réservoirs. *P. F. 39 ; Ch. 12 n° 3.*

30. Quiconque pêchera, colportera ou débitera des poissons qui n'auront point les dimensions déterminées par les ordonnances, sera puni d'une amende de vingt à cinquante francs, et de la confiscation desdits poissons. *P. F. 26 § 5, 69 s.*

Sont néanmoins exceptées de cette disposition les ventes de poisson provenant des étangs ou réservoirs.

Sont considérés comme des étangs ou réservoirs, les fossés et canaux appartenant à des particuliers, dès que leurs eaux cessent naturellement de communiquer avec les rivières.

31. La même peine sera prononcée contre les pêcheurs qui appâteront leurs hameçons, nasses, filets ou autres engins avec des poissons des espèces prohibées qui seront désignées par les ordonnances. *P. F. 26 § 6, 69 s.*

32. Les fermiers de la pêche et porteurs de licences, leurs associés, compagnons et gens à gages, ne pourront faire usage

d'aucun filet ou engin quelconque, qu'après qu'il aura été plombé ou marqué par les agents de l'administration de la police de la pêche.

La même obligation s'étendra à tous autres pêcheurs compris dans les limites de l'inscription maritime, pour les engins et filets dont ils feront usage dans les cours d'eau désignés par les paragraphes 1 et 2 de l'article 1er de la présente loi.

Les délinquants seront punis d'une amende de vingt francs pour chaque filet ou engin non plombé ou marqué. *P. F. 9, 39.*

33. Les contre-maîtres, les employés du balisage et les mariniers qui fréquentent les fleuves, rivières et canaux navigables ou flottables, ne pourront avoir dans leurs bateaux ou équipages aucun filet ou engin de pêche, même non prohibé, sous peine d'une amende de cinquante francs, et de la confiscation des filets.

A cet effet, ils seront tenus de souffrir la visite, sur leurs bateaux et équipages, des agents chargés de la police de la pêche, aux lieux où ils aborderont.

La même amende sera prononcée contre ceux qui s'opposeront à cette visite. *P. F. 39, 69 s.*

34. Les fermiers de la pêche et les porteurs de licences, et tous pêcheurs en général, dans les rivières et canaux désignés par les deux premiers paragraphes de l'article 1er de la présente loi, seront tenus d'amener leurs bateaux, et de faire l'ouverture de leurs loges et hangars, bannetons, huches et autres réservoirs ou boutiques à poisson, sur leurs cantonnements, à toute réquisition des agents et préposés de l'administration de la pêche, à l'effet de constater les contraventions qui pourraient être par eux commises aux dispositions de la présente loi.

Ceux qui s'opposeront à la visite ou refuseront l'ouverture de leurs boutiques à poisson, seront, pour ce seul fait, punis d'une amende de cinquante francs. *P. F. 33, 69 s.*

35. Les fermiers et porteurs de licences ne pourront user, sur les fleuves, rivières et canaux navigables, que du chemin

de halage; sur les rivières et cours d'eau flottables, que du marchepied. Ils traiteront de gré à gré avec les propriétaires riverains pour l'usage des terrains dont ils auront besoin pour retirer et assener leurs filets (1).

TITRE V. — Des poursuites en réparation de délits.

SECTION Ire. — Des poursuites exercées au nom de l'administration.

36. Le Gouvernement exerce la surveillance et la police de la pêche dans l'intérêt général.

En conséquence, les agents spéciaux par lui institués à cet effet, ainsi que les gardes champêtres, éclusiers des canaux et autres officiers de police judiciaire, sont tenus de constater les délits qui sont spécifiés au titre IV de la présente loi, en quelques lieux qu'ils soient commis; et lesdits agents spéciaux exerceront, conjointement avec les officiers du ministère public, toutes les poursuites et actions en réparation de ces délits (2).

---

(1) Ordonnance de 1669. (Titre xxviii.) — Art. 7. Les propriétaires des héritages aboutissants aux rivières navigables laisseront le long des bords vingt-quatre pieds au moins de place en largeur pour chemin royal et trait des chevaux, sans qu'ils puissent planter arbres ni tenir clôture ou haye plus près que trente pieds du côté que les bateaux se tirent, et dix pieds de l'autre bord, à peine de cinq cents livres d'amende, confiscation des arbres, et d'être les contrevenants contraints à réparer et remettre les chemins en état à leurs frais.

(2) Décret du 27 novembre 1859. — Art. 1er. Dans la partie des fleuves, rivières et canaux comprise entre les limites de l'inscription maritime et le point où cesse la salure des eaux, les infractions à la loi du 15 avril 1829 sur la pêche fluviale, ou aux règlements rendus en exécution de cette loi, seront recherchées et constatées, concurremment avec les officiers de police judiciaire et autres agents institués à cet effet, par les syndics des gens de mer, gardes maritimes et gendarmes de la marine.

Ces agents transmettront leurs procès-verbaux au procureur impérial.

Les mêmes agents et gardes de l'Administration, les gardes champêtres, les éclusiers, les officiers de police judiciaire, pourront constater également le délit spécifié en l'article 5, et ils transmettront leurs procès-verbaux au procureur du roi. *F. 159; Ch. 26.*

37. Les gardes-pêche nommés par l'Administration sont assimilés aux gardes forestiers royaux. *F. 160; O. 24 s.*

38. Ils recherchent et constatent par procès-verbaux, les délits dans l'arrondissement du tribunal près duquel ils sont assermentés. *F. 160; P. F. 65.*

39. (*161 du Code forestier.*) Ils sont autorisés à saisir les filets et autres instruments de pêche prohibés, ainsi que le poisson pêché en délit.

40. Les gardes-pêche ne pourront, sous aucun prétexte, s'introduire dans les maisons et enclos y attenants pour la recherche des filets prohibés.

41. Les filets et engins de pêche qui auront été saisis comme prohibés, ne pourront, dans aucun cas, être remis sous caution. Ils seront déposés au greffe et y demeureront jusqu'après le jugement, pour être ensuite détruits.

Les filets non prohibés, dont la confiscation aurait été prononcée en exécution de l'article 5, seront vendus au profit du Trésor.

En cas de refus, de la part des délinquants, de remettre immédiatement le filet déclaré prohibé après la sommation du garde-pêche, ils seront condamnés à une amende de cinquante francs. *Ch. 16.*

42. Quant au poisson saisi pour cause de délit, il sera vendu sans délai dans la commune la plus voisine du lieu de la saisie, à son de trompe et aux enchères publiques, en vertu d'ordonnance du juge de paix ou de ses suppléants, si la vente a lieu dans un chef-lieu de canton, ou, dans le cas contraire, d'après l'autorisation du maire de la commune : ces ordonnances ou autorisations seront délivrées sur la requête des agents ou gardes

qui auront opéré la saisie, et sur la présentation du procès-verbal régulièrement dressé et affirmé par eux. *Ch. 4.*

Dans tous les cas, la vente aura lieu en présence du receveur des domaines, et, à défaut, du maire ou adjoint de la commune, ou du commissaire de police. *F. 169.*

43. Les gardes-pêche ont le droit de requérir directement la force publique pour la répression des délits en matière de pêche, ainsi que pour la saisie des filets prohibés et du poisson pêché en délit. *F. 164; P. F. 39.*

44. (*165 du Code forestier.*) Ils écriront eux-mêmes leurs procès-verbaux; ils les signeront, et les affirmeront, au plus tard le lendemain de la clôture desdits procès-verbaux, par-devant le juge de paix du canton ou l'un de ses suppléants, ou par-devant le maire ou l'adjoint, soit de la commune de leur résidence, soit de celle où le délit a été commis ou constaté; le tout sous peine de nullité. *Ch. 24.*

Toutefois, si, par suite d'un empêchement quelconque, le procès-verbal est seulement signé par le garde-pêche, mais non écrit en entier de sa main, l'officier public qui en recevra l'affirmation, devra lui en donner préalablement lecture, et faire ensuite mention de cette formalité; le tout sous peine de nullité du procès-verbal.

45. (*166 du Code forestier.*) Les procès-verbaux dressés par les agents forestiers, les gardes généraux et les gardes à cheval, soit isolément, soit avec le concours des gardes-pêche royaux et des gardes champêtres, ne seront point soumis à l'affirmation.

46. Dans le cas où le procès-verbal portera saisie, il en sera fait une expédition qui sera déposée dans les vingt-quatre heures au greffe de la justice de paix, pour qu'il en puisse être donné communication à ceux qui réclameraient les objets saisis. *F. 168.*

Le délai ne courra que du moment de l'affirmation pour les procès-verbaux qui sont soumis à cette formalité. *P. F. 5, 28, 30, 31, 33, 39.*

47. (*170 du Code forestier.*) Les procès-verbaux seront, sous

peine de nullité, enregistrés dans les quatre jours qui suivront celui de l'affirmation, ou celui de la clôture du procès-verbal, s'il n'est pas sujet à l'affirmation.

L'enregistrement s'en fera en débet.

48. Toutes les poursuites exercées en réparation de délits pour fait de pêche seront portées devant les tribunaux correctionnels. *F. 171.*

49. (*172 du Code forestier.*) L'acte de citation doit, à peine de nullité, contenir la copie du procès-verbal et de l'acte d'affirmation.

50. (*173 du Code forestier.*) Les gardes de l'Administrasion chargés de la surveiliance de la pêche pourront, dans les actions et poursuites exercées en son nom, faire toutes citations ou significations d'exploits, sans pouvoir procéder aux saisies-exécutions.

Leurs rétributions pour les actes de ce genre seront taxées comme pour les actes faits par les huissiers des juges de paix.

51. (*174 du Code forestier.*) Les agents de cette administration ont le droit d'exposer l'affaire devant le tribunal, et sont entendus à l'appui de leurs conclusions.

52. Les délits en matière de pêche seront prouvés, soit par procès-verbaux, soit par témoins, à défaut de procès-verbaux ou en cas d'insuffisance de ces actes. *F. 175; Ch. 21.*

53. Les procès-verbaux revêtus de toutes les formalités prescrites par les articles 44 et 47 ci-dessus, et qui sont dressés et signés par deux agents ou gardes-pêche, font preuve, jusqu'à inscription de faux, des faits matériels relatifs aux délits qu'ils constatent, quellesque soient les condamnations auxquelles ces délits peuvent donner lieu.

Il ne sera, en conséquence, admis aucune preuve outre ou contre le contenu de ces procès-verbaux, à moins qu'il n'existe une cause légale de récusation contre l'un des signataires. *P. F. 66; F. 176, 188; Ch. 22 s.*

54. Les procès-verbaux, revêtus de toutes les formalités prescrites, mais qui ne seront dressés et signés que par un seul agent

ou garde-pêche, feront de même preuve suffisante jusqu'à inscription de faux, mais seulement lorsque le délit n'entraînera pas une condamnation de plus de cinquante francs, tant pour amende que pour dommages-intérêts. *F. 177.*

55. (*178 du Code forestier.*) Les procès-verbaux qui, d'après les dispositions qui précèdent, ne font point foi et preuve suffisante jusqu'à inscription de faux, peuvent être corroborés et combattus par toutes les preuves légales, conformément à l'article 154 du Code d'instruction criminelle. *P. F. 66; Ch. 22, 23.*

56. Le prévenu qui voudra s'inscrire en faux contre le procès-verbal, sera tenu d'en faire, par écrit et en personne, ou par un fondé de pouvoir spécial par acte notarié, la déclaration au greffe du tribunal, avant l'audience indiquée par la citation.

Cette déclaration sera reçue par le greffier du tribunal; elle sera signée par le prévenu ou son fondé de pouvoir; et, dans le cas où il ne saurait ou ne pourrait signer, il en sera fait mention expresse.

Au jour indiqué pour l'audience, le tribunal donnera acte de la déclaration, et fixera un délai de huit jours au moins et de quinze jours au plus, pendant lequel le prévenu sera tenu de faire au greffe le dépôt des moyens de faux, et des noms, qualités et demeures des témoins qu'il voudra faire entendre.

A l'expiration de ce délai, et sans qu'il soit besoin d'une citation nouvelle, le tribunal admettra les moyens de faux, s'ils sont de nature à détruire l'effet du procès-verbal, et il sera procédé sur le faux conformément aux lois.

Dans le cas contraire, et faute par le prévenu d'avoir rempli toutes les formalités ci-dessus prescrites, le tribunal déclarera qu'il n'y a lieu à admettre les moyens de faux, et ordonnera qu'il soit passé outre au jugement. *F. 179.*

57. (*180 du Code forestier.*) Le prévenu contre lequel aura été rendu un jugement par défaut sera encore admissible à faire sa déclaration d'inscription de faux pendant le délai qui lui est ac-

cordé par la loi pour se présenter à l'audience sur l'opposition par lui formée.

58. (*181 du Code forestier.*) Lorsqu'un procès-verbal sera rédigé contre plusieurs prévenus, et qu'un ou quelques-uns d'entre eux seulement s'inscriront en faux, le procès-verbal continuera de faire foi à l'égard des autres, à moins que le fait sur lequel portera l'inscription de faux ne soit indivisible et commun aux autres prévenus.

59. Si, dans une instance en réparation de délits, le prévenu excipe d'un droit de propriété ou de tout autre droit réel, le tribunal saisi de la plainte, statuera sur l'incident.

L'exception préjudicielle ne sera admise qu'autant qu'elle sera fondée, soit sur un titre apparent, soit sur des faits de possession équivalents, articulés avec précision, et si le titre produit ou les faits articulés sont de nature, dans le cas où ils seraient reconnus par l'autorité compétente, à ôter au fait qui sert de base aux poursuites tout caractère de délit.

Dans le cas de renvoi à fins civiles, le jugement fixera un bref délai, dans lequel la partie qui aura élevé la question préjudicielle devra saisir les juges compétents de la connaissance du litige et justifier de ses diligences; sinon, il sera passé outre. Toutefois, en cas de condamnation, il sera sursis à l'exécution du jugement sous le rapport de l'emprisonnement, s'il était prononcé, et le montant des amendes, restitutions et dommages-intérêts sera versé à la Caisse des dépôts et consignations, pour être remis à qui il sera ordonné par le tribunal qui statuera sur le fond du droit. *F. 182.*

60. (*183 du Code forestier.*) Les agents de l'Administration chargés de la surveillance de la pêche peuvent, en son nom, interjeter appel des jugements et se pourvoir contre les arrêts et jugements en dernier ressort; mais ils ne peuvent se désister de leurs appels sans son autorisation spéciale.

61. (*184 du Code forestier.*) Le droit attribué à l'Administration et à ses agents de se pourvoir contre les jugements et arrêts

par appel ou par recours en cassation est indépendant de la même faculté qui est accordée par la loi au ministère public, lequel peut toujours en user, même lorsque l'Administration ou ses agents auraient acquiescé aux jugements et arrêts.

62. Les actions en réparation de délits en matière de pêche se prescrivent par un mois à compter du jour où les délits ont été constatés, lorsque les prévenus sont désignés dans les procès-verbaux. Dans le cas contraire, le délai de prescription est de trois mois, à compter du même jour. *F. 185; Ch. 29.*

63. Les dispositions de l'article précédent ne sont pas applicables aux délits et malversations commis par les agents, préposés ou gardes de l'Administration dans l'exercice de leurs fonctions; les délais de prescription à l'égard de ces préposés et de leurs complices seront les mêmes que ceux qui sont déterminés par le Code d'instruction criminelle. *F. 186.*

64. Les dispositions du Code d'instruction criminelle sur les poursuites des délits, sur défauts, oppositions, jugements, appels et recours en cassation, sont et demeurent applicables à la poursuite des délits spécifiés par la présente loi, sauf les modifications qui résultent du présent titre. *F. 187; I. Cr. 130, 137, 146, 150, 153, 172, 179, 184, 186, 190, 199, 216, 413.*

SECTION II. — Des poursuites exercées au nom et dans l'intérêt des fermiers de la pêche et des particuliers.

65. Les délits qui portent préjudice aux fermiers de la pêche, aux porteurs de licences et aux propriétaires riverains, seront constatés par leurs gardes, lesquels sont assimilés aux gardes-bois des particuliers. *P. F. 38; F. 188.*

66. (*188 du Code forestier.*) Les procès-verbaux dressés par ces gardes feront foi jusqu'à preuve contraire. *P. F. 53 s; F. 188; Ch. 22.*

67. Les poursuites et actions seront exercées au nom et à la diligence des parties intéressées. *F. 190; Ch. 26; I. Cr. 182.*

68. Les dispositions contenues aux articles 38, 39, 40, 41, 42, 43, 44, 45, 46, 47 § 1er; 49, 52, 59, 62 et 64 de la présente loi sont applicables aux poursuites exercées au nom et dans l'intérêt des particuliers et des fermiers de la pêche pour les délits commis à leur préjudice. *F. 189.*

TITRE VI. — Des peines et condamnations.

69. Dans le cas de récidive, la peine sera toujours doublée. *P. F. 5, 24, 25, 27 à 34, 79 § 4.*

Il y a récidive, lorsque, dans les douze mois précédents, il a été rendu contre le délinquant un premier jugement pour délit en matière de pêche. *F. 201; Ch. 14, 15.*

70. Les peines seront également doublées, lorsque les délits auront été commis la nuit. *F. 201; Ch. 12 § 2.*

71. (*202 du Code forestier.*) Dans tous les cas où il y aura lieu à adjuger des dommages-intérêts, ils ne pourront être inférieurs à l'amende simple prononcée par le jugement.

72. Dans tous les cas prévus par la présente loi, si le préjudice causé n'excède pas 25 francs, et si les circonstances paraissent atténuantes, les tribunaux sont autorisés à réduire l'emprisonnement même au-dessous de six jours, et l'amende même au-dessous de 16 francs; ils pourront aussi prononcer séparément l'une ou l'autre de ces peines, sans qu'en aucun cas, elle puisse être au-dessous des peines de simple police. *F. 203; Ch. 20; C. P. 463.*

73. (*204 du Code forestier.*) Les restitutions et dommages-intérêts appartiennent aux fermiers, porteurs de licences et propriétaires riverains, si le délit est commis à leur préjudice; mais, lorsque le délit a été commis par eux-mêmes au détriment de l'intérêt général, ces dommages-intérêts appartiennent à l'État.

Appartiennent également à l'État, toutes les amendes et confiscations. *Ch. 19.*

74. Les maris, pères, mères, tuteurs, fermiers et porteurs de

licences, ainsi que tous propriétaires, maîtres et commettants, seront civilement responsables des délits en matière de pêche commis par leurs femmes, enfants, mineurs, pupilles, bateliers et compagnons, et tous autres subordonnés, sauf tout recours de droit.

Cette responsabilité sera réglée conformément à l'article 1384 du Code civil (1). *F. 206; Ch. 28.*

TITRE VII. — De l'exécution des jugements.

SECTION Ire. — De l'exécution des jugements rendus à la requête de l'administration ou du ministère public.

75. (*209 du Code forestier.*) Les jugements rendus à la requête de l'Administration chargée de la police de la pêche, ou sur la poursuite du ministère public, seront signifiés par simple extrait, qui contiendra le nom des parties et le dispositif du jugement.

Cette signification fera courir les délais de l'opposition et de l'appel des jugements par défaut.

---

(1) Code Napoléon. — Art. 1384. On est responsable non-seulement du dommage que l'on cause par son propre fait, mais encore de celui qui est causé par le fait des personnes dont on doit répondre, ou des choses que l'on a sous sa garde.

Le père, et la mère après le décès du mari, sont responsables du dommage causé par leurs enfants mineurs habitant avec eux;

Les maîtres et commettants, du dommage causé par leurs domestiques et préposés dans les fonctions auxquelles il les ont employés;

Les instituteurs et les artisans, du dommage causé par leurs élèves et apprentis pendant le temps qu'ils sont sous leur surveillance.

La responsabilité ci-dessus a lieu, à moins que les père et mère, instituteurs et artisans, ne prouvent qu'ils n'ont pu empêcher le fait qui donne lieu à cette responsabilité.

76. Le recouvrement de toutes les amendes pour délits de pêche est confié aux receveurs de l'enregistrement et des domaines.

Ces receveurs sont également chargés du recouvrement des restitutions, frais et dommages-intérêts résultant des jugements rendus en matière de pêche. *F. 210; P. F. 81.*

77. (*211 du Code forestier.*) Les jugements portant condamnation à des amendes, restitutions, dommages-intérêts et frais, sont exécutoires par la voie de la contrainte par corps; et l'exécution pourra en être poursuivie cinq jours après un simple commandement fait aux condamnés.

En conséquence, et sur la demande du receveur de l'enregistrement et des domaines, le procureur du roi adressera les réquisitions nécessaires aux agents de la force publique chargés de l'exécution des mandements de justice.

78. (*212 du Code forestier.*) Les individus contre lesquels la contrainte par corps aura été prononcée pour raison des amendes, et autres condamnations et réparations pécuniaires, subiront l'effet de cette contrainte jusqu'à ce qu'ils aient payé le montant desdites condamnations, ou fourni une caution admise par le receveur des domaines, ou, en cas de contestation de sa part, déclarée bonne et valable par le tribunal de l'arrondissement.

79. (*213 du Code forestier.*) Néanmoins, les condamnés qui justifieront de leur insolvabilité, suivant le mode prescrit par l'article 420 du Code d'instruction criminelle, seront mis en liberté après avoir subi quinze jours de détention, lorsque l'amende et les autres condamnations pécuniaires n'excéderont pas quinze francs.

La détention ne cessera qu'au bout d'un mois, lorsque les condamnations s'élèveront ensemble de quinze à cinquante francs.

Elle ne durera que deux mois, quelle que soit la quotité desdites condamnations.

En cas de récidive, la durée de la détention sera double de ce qu'elle eût été sans cette circonstance.

80. (*214 du Code forestier.*) Dans tous les cas, la détention employée comme moyen de contrainte est indépendante de lap eine d'emprisonnement prononcée contre les condamnés, pour tous les cas où la loi l'inflige.

SECTION II. — De l'exécution des jugements rendus dans l'intérêt des fermiers de la pêche et des particuliers.

81. Les jugements contenant des condamnations en faveur des fermiers de la pêche, des porteurs de licences et des particuliers, pour réparation des délits commis à leur préjudice, seront, à leur diligence, signifiés et exécutés suivant les mêmes formes et voies de contrainte que les jugements rendus à la requête de l'administration chargée de la surveillance de la pêche.

Le recouvrement des amendes prononcées par les mêmes jugements sera opéré par les receveurs de l'enregistrement et des domaines. *P. F. 76; F. 215.*

82. La mise en liberté des condamnés détenus par voie de contrainte par corps, à la requête et dans l'intérêt des particuliers, ne pourra être accordée, en vertu des articles 78 et 79, qu'autant que la validité des cautions ou la solvabilité des condamnés aura été, en cas de contestation de la part desdits propriétaires, jugée contradictoirement entre eux. *F. 217.*

TITRE VIII. — Dispositions générales.

83. Sont et demeurent abrogés toutes les lois, ordonnances, édits et déclarations, arrêts du conseil, arrêtés et décrets, et tous règlements intervenus, à quelque époque que ce soit, sur les matières réglées par la présente loi, en tout ce qui concerne la pêche.

Mais les droits acquis antérieurement à la présente loi seront jugés, en cas de contestation, d'après les lois existantes avant sa promulgation. *P. F. 2, 4.*

DISPOSITIONS TRANSITOIRES.

84. Les prohibitions portées par les articles 6, 8 et 10, et la prohibition de pêcher à autres heures que depuis le lever du soleil jusqu'à son coucher, portée par l'article 5 du titre XXXI de l'ordonnance de 1669 (1), continueront à être exécutées jusqu'à le promulgation des ordonnances royales qui, aux termes de l'article 26 de la présente loi, détermineront les temps où la pêche sera interdite dans tous les cours d'eau, ainsi que les filets et instruments de pêche dont l'usage sera prohibé.

Toutefois, les contraventions aux articles ci-dessus énoncés de l'ordonnance de 1669 seront punies conformément aux dispositions de la présente loi, ainsi que tous les délits qui y sont prévus, à dater de sa publication.

---

(1) Extrait du titre XXXI de l'ordonnance de 1669 :

Art. 5. Défendons de pêcher, en quelques jours et saisons que ce puisse être, à autres heures que depuis le lever du soleil jusqu'à son coucher, sinon aux arches des ponts, aux moulins et aux gords où se tendent les dideaux, auxquels lieux on pourra pêcher tant de nuit que de jour.

Art. 6. Les pêcheurs ne pourront pêcher durant le temps du frai; savoir, aux rivières où la truite abonde sur tous les autres poissons, depuis le 1er février jusqu'à la mi-mars, et aux autres depuis le 1er avril jusqu'au 1er juin, à peine.....

Art. 8. Ne pourront aussi mettre bires ou nasses d'osier à bout des dideaux, pendant le temps de frai, à peine.....

Art. 10. Faisons très-expresses défenses aux maîtres pêcheurs de se servir d'aucuns engins et harnais prohibés par les anciennes ordonnances sur le fait de la pêche, et, en outre, de ceux appelés giles, tramail, furet, épervier, chaslon et sabre, dont elles ne font pas mention, et de tous autres qui pourraient être inventés au dépeuplement des rivières; comme aussi d'aller au barandage et mettre des bacs en rivière, à peine.....

INSTRUCTION

POUR

LES GARDES-PÊCHE

ET AUTRES PRÉPOSÉS CHARGÉS DE CONSTATER LES DÉLITS

PRÉVUS PAR LA LOI DU 15 AVRIL 1829

SUR LA POLICE DE LA PÊCHE FLUVIALE.

AVERTISSEMENT PRÉLIMINAIRE.

L'instruction suivante est destinée à diriger les gardes-pêche dans l'exercice de leurs fonctions; elle leur indique les droits respectifs de l'État et des particuliers, les dispositions qui régissent la police de la pêche sur les divers cours d'eau, les moyens de surveillance employés, les pouvoirs des agents chargés de la constatation des délits, les mesures à prendre pour assurer leur répression.

Les pouvoirs des gardes étant étendus, ceux-ci doivent en user avec politesse à l'égard des personnes et avec respect envers les propriétés.

Les gardes essayeront de prévenir les délits en expliquant aux pêcheurs les peines auxquelles ils s'exposent, et en les invitant à cesser les actes susceptibles de donner lieu à des poursuites.

Les gardes ne chercheront à opérer des saisies, ne requerront l'assistance de la force publique, ne feront la visite des bateaux, ne demanderont à pénétrer dans les propriétés closes, qu'autant qu'ils auront des motifs très-fondés d'agir ainsi, et que les délits à réprimer auront été commis malgré leur avertissement.

En parcourant les rives des cours d'eau pour la surveillance, ils éviteront de causer des dégâts.

Ils devront, en toute circonstance, se rappeler qu'ils agissent dans l'intérêt général, et qu'en outre ils ont à protéger les intérêts privés, lorsque ceux-ci se trouvent lésés par suite d'infractions à la loi et aux règlements.

Tout acte de négligence ou de mauvaise conduite dans l'exercice de leurs fonctions, comporte une répression sévère.

Ils ne peuvent, sous aucun prétexte, se livrer eux-mêmes à la pêche sans s'exposer à être révoqués.

Toutes les parties des instructions sont également obligatoires; mais les gardes doivent principalement fixer leur attention sur les points suivants :

Exercer une surveillance rigoureuse pendant les saisons où la pêche est interdite.

Empêcher l'obstruction des cours d'eau par des barrages ou des engins de pêche ne laissant aucun passage libre au poisson.

Vérifier si les personnes qui se livrent à la pêche sont munies de la permission exigée.

Poursuivre la pêche à la main, et la pêche de nuit avec des feux.

Rechercher les auteurs de l'empoisonnement des eaux.

Vérifier si les poissons exposés en vente ont les dimensions prescrites.

CHAPITRE 1er. — Du droit de pêche.

Le droit de pêche dans les cours d'eau appartient à l'État ou aux propriétaires riverains, d'après les distinctions suivantes.

Ce droit est exercé au profit de l'État :

1° Dans tous les fleuves, rivières, canaux et contre-fossés navigables ou flottables avec bateaux, trains ou radeaux, et dont l'entretien est à la charge de l'État ou de ses ayants cause (1);

2° Dans les bras, noues, boires et fossés qui tirent leurs eaux des fleuves et rivières navigables ou flottables, dans lesquels on peut en tout temps passer ou pénétrer librement en bateau pêcheur, et dont l'entretien est à la charge de l'État.

Sont toutefois exceptés les canaux et fossés existants ou qui seraient creusés dans les propriétés particulières et entretenus aux frais des propriétaires. (Loi du 15 avril 1829, art. 1er.)

Dans toutes les rivières et canaux autres que ceux qui sont désignés ci-dessus, les propriétaires riverains ont, chacun de son côté, le droit de pêche jusqu'au milieu du cours de l'eau, sans préjudice des droits contraires établis par possession ou titres. (*Idem*, art. 2.)

CHAPITRE II. — Exercice du droit de pêche.

SECTION Ire. — Des personnes ayant qualité pour exercer le droit de pêche.

§ Ier. *Dispositions générales.*

Le droit de pêche ne peut être exercé que par ceux auxquels ce droit appartient, ou par des personnes justifiant de cessions, autorisations ou permissions régulières. (Loi du 15 avril 1829, art. 5.)

---

(1) Les parties des fleuves, rivières et canaux dans lesquels le droit de pêche doit être exercé au profit de l'État ont été déterminées par l'ordonnance royale du 10 juillet 1835, et par quelques ordonnances et décrets postérieurs.

§ 2. *Dispositions spéciales aux cours d'eau dépendant du domaine public.*

Le droit de pêche dans les fleuves, rivières et canaux spécifiés dans les deux premiers paragraphes de l'article 1er de la loi du 15 avril 1829 ne peut être exercé que par ceux auxquels il a été amodié, conformément aux dispositions du titre III de la même loi, c'est-à-dire par les adjudicataires et porteurs de licences.

Il peut être également exercé par leurs sous-fermiers, compagnons et gens à gages, et par ceux auxquels ils auront délivré des permissions, mais seulement dans les limites et sous les conditions énoncées dans les cahiers des charges (1).

Toute concession ou autorisation donnée en dehors des conditions du cahier des charges est nulle et ne peut profiter à celui qui l'a obtenue. C'est d'ailleurs aux sous-fermiers, compagnons et permissionnaires qu'il appartient de s'assurer de l'étendue des droits des adjudicataires et de la régularité de leur propre titre.

Doit être considéré comme délinquant, tout adjudicataire ou sous-fermier qui se livre à la pêche avant d'avoir obtenu le permis de l'ingénieur en chef.

Il en est de même de celui qui pêche en vertu d'une permission non revêtue du visa du même agent.

Par dérogation aux prohibitions qui précèdent,

Il est permis à tout individu de pêcher à la ligne flottante tenue à la main, dans les fleuves, rivières et canaux désignés dans les deux premiers paragraphes de l'article 1er de la loi du 15 avril 1829, le temps de frai excepté. (Même loi, article 5, § 3.)

---

(1) Les gardes-pêche chargés de la surveillance sur les rivières navigables et flottables et sur les canaux seront pourvus d'un exemplaire imprimé du cahier des charges et conditions imposées aux adjudicataires.

Il est également permis à tout individu de pêcher dans les parties des mêmes fleuves, rivières et canaux qui se trouvent comprises dans les limites de l'inscription maritime, à la condition de se conformer :

1° Aux règlements sur la police de la pêche fluviale, pour la pêche qui se pratique au-dessus du point où des décrets (1) ont fixé la limite entre les eaux douces et les eaux salées ;

2° Aux règlements sur la police de la pêche maritime, pour la pêche qui a lieu au-dessous de ce point (2).

SECTION II. — Police de la pêche.

§ 1er. *Dispositions applicables à tous les cours d'eau.*

Nul ne peut exercer le droit de pêche dans les fleuves ou rivières navigables ou flottables, les canaux, ruisseaux ou cours d'eau quelconques, qu'en se conformant aux dispositions suivantes :

Il est interdit :

1° De placer, dans les cours d'eau, aucun barrage, appareil ou établissement quelconque de pêcheries ayant pour objet d'empêcher entièrement le passage du poisson. (Loi du 15 avril 1829, art. 24 (3).)

---

(1) Les limites entre les eaux douces et les eaux salées se trouvent indiquées, pour chaque département, dans le tableau imprimé à la suite des règlements locaux.

(2) La police de la pêche maritime est exercée par des agents spéciaux.

(3) La défense faite par l'article 24 de la loi sur la pêche fluviale s'applique à tous les canaux et fossés, quels qu'ils soient, communiquant par un point avec les fleuves et rivières, même à ceux qui seraient établis

2° De jeter dans les cours d'eau des drogues ou appâts de nature à enivrer le poisson ou à le détruire. (Loi du 15 avril 1829, art. 25.)

3° De pêcher, même à la ligne flottante, pendant les temps, saisons et heures prohibés par le règlement d'administration locale sur la police de la pêche (1). (*Idem*, art. 27.)

4° De faire usage de filets traînants, et en général de filets, engins et instruments, de même que de procédés et modes de pêche interdits par le même règlement. (*Idem*, art. 28; ordonnance du 14 novembre 1830, art. 1er.)

5° De se servir, soit de filets dont les mailles carrées, sans accrues et non tendues ni tirées en losange, auraient moins de 30 millimètres de côté, après avoir séjourné dans l'eau;

Soit de bires, nasses ou autres engins dont les verges en osier seraient écartées entre elles de moins de 30 millimètres. (Même ordonnance, art. 1er.)

Sont toutefois autorisés pour la pêche des goujons, ablettes (2), loches, vérons, vandoises et autres poissons de petite espèce, les filets dont les mailles ont 15 millimètres de largeur, et les nasses d'osier et autres engins dont les baguettes ou verges sont écartées de 15 millimètres.

---

entre des propriétés particulières et qui n'aboutiraient par l'autre extrémité à aucun cours d'eau. (Arrêt de cassation du 24 novembre 1832.)

Elle s'applique également aux cours d'eau qui se forment accidentellement sur les propriétés privées à la suite des crues et débordements des fleuves et rivières. (Cass. 8 novembre 1805, 5 novembre 1847 et 7 avril 1848.)

(1) Les conditions de l'exercice de la pêche dans chaque département, sont réglées par un arrêté préfectoral revêtu de la sanction du chef de l'État.

(2) Les arrêtés spéciaux des préfets peuvent exceptionnellement réduire à 8 millimètres la largeur des mailles des filets, et l'écartement des baguettes ou verges des nasses d'osier ou d'autres engins employés exclusivement à la pêche des ablettes. (Ordonnance du 28 février 1842.)

L'usage des nasses en jonc à jour est permis, quel que soit l'écartement de leurs verges. (Ordonnance du 14 novembre 1830, art. 2.)

6° D'employer pour la pêche des poissons de grosse espèce, des filets spécialement désignés pour la pêche des poissons de petite espèce. (Loi du 15 avril 1829, art. 29.)

7° D'appâter les hameçons, nasses, filets ou autres engins avec des poissons des espèces prohibées par le règlement d'administration locale. (*Idem*, art. 31.)

8° De prendre, colporter ou débiter des poissons n'ayant pas la longueur et les dimensions exigées par le même règlement.

Sont exceptées de cette disposition les ventes de poissons provenant des étangs ou réservoirs (1). (*Idem*, art. 30.)

Sont considérés comme délinquants, les individus trouvés porteurs ou munis, hors de leur domicile, d'engins ou instruments de pêche prohibés, à moins que ces engins ou instruments ne soient destinés à la pêche dans les étangs ou réservoirs. (*Idem*, art. 29.)

Sont considérés comme des étangs ou réservoirs les fossés et canaux appartenant à des particuliers, dès que leurs eaux cessent naturellement de communiquer avec les rivières. (*Idem*, art. 30.)

La pêche du Rhin n'est soumise, soit pour le temps de frai, soit pour l'emploi des filets ou engins, à aucune autre restriction qu'à celles édictées par les règlements d'administration locale. (Ordonnance du 15 novembre 1830, art. 4; ordonnance du 22 décembre 1840.)

---

(1) Le poisson saisi dans un marché comme n'ayant pas les dimensions prescrites par les règlements, doit être considéré comme poisson de rivière, à moins que le prévenu ne prouve qu'il provient d'étangs ou de réservoirs. (Arrêt de cassation du 13 juin 1833.)

§ 2. — *Dispositions spéciales aux cours d'eau dépendant du domaine public.*

Les fermiers de la pêche et porteurs de licences, leurs sous-fermiers, compagnons et gens à gages et les permissionnaires ne peuvent faire usage d'aucun filet ou engin quelconque, qu'après qu'il a été plombé ou marqué par les agents de l'administration de la police de la pêche. (Loi du 15 avril 1829, ar. 32, § 1er.)

La même obligation s'étend à tous autres pêcheurs compris dans les limites de l'inscription maritime, pour les engins et filets dont ils font usage dans les cours d'eau désignés dans les paragraphes 1 et 2 de la loi du 15 avril 1829. (*Idem*, art. 32, § 2.)

Les fermiers de la pêche et les porteurs de licences, et tous pêcheurs en général, dans les rivières et canaux désignés dans les deux premiers paragraphes de la loi précitée, sont tenus d'amener leurs bateaux et de faire l'ouverture de leurs loges et hangars, bannetons, huches et autres réservoirs ou boutiques à poisson, sur leurs cantonnements, à toute réquisition des agents et préposés de l'administration de la pêche, à l'effet de constater les contraventions qui pourraient être par eux commises aux lois et règlements sur la pêche. (*Idem*, art. 34.)

Les contre-maîtres, les employés du balisage et les mariniers qui fréquentent les fleuves, rivières et canaux navigables ou flottables, ne peuvent avoir dans leurs bateaux et équipages, aucun filet ou engin de pêche, même non prohibé (1). A cet effet, ils sont tenus de souffrir la visite, sur leurs bateaux et équipages, des agents chargés de la police de la pêche aux lieux où ils abordent. (*Idem*, art. 33.)

---

(1) Cette prohibition s'applique à tous ceux qui, n'étant ni fermiers ni porteurs de licences dans un cantonnement, y sont trouvés avec des filets dans leur bateau. (Cassation, 6 mars 1835, 19 février 1836 et 16 décembre 1836.)

Les employés et préposés à la surveillance de la pêche doivent verbaliser contre les pêcheurs et autres personnes spécifiées ci-dessus qui, après une sommation faite au nom de la loi, refuseraient d'amener leurs bateaux ou de se soumettre aux vérifications dont il vient d'être parlé. (Loi du 15 avril 1829, art. 34.)

Les fermiers et porteurs de licences ne peuvent user, sur les fleuves, rivières et canaux navigables, que du chemin de halage; sur les rivières et cours d'eau flottables, que du marchepied.

Ils doivent traiter de gré à gré avec les propriétaires riverains pour l'usage des terrains dont ils ont besoin pour retirer et assener leurs filets. (*Idem*, art. 35.)

CHAPITRE III. — CONSTATATION ET RÉPRESSION DES DÉLITS DE PÊCHE.

§ 1er. — *Dispositions générales.*

Le Gouvernement exerce la surveillance et la police de la pêche dans l'intérêt général.

En conséquence, les agents spéciaux par lui institués à cet effet, ainsi que les gardes champêtres, éclusiers des canaux et autres officiers de police judiciaire (1) sont tenus de constater tous les délits spécifiés dans la section II ci-dessus, sous la rubrique de *Police de la pêche*.

---

(1) Tels que maires, adjoints, gardes forestiers, etc. (Code d'instr. crim. art. 9.)

Dans la partie des fleuves, rivières et canaux comprise entre les limites de l'inscription maritime et le point où cesse la salure des eaux, les infractions à la loi du 15 avril 1829, sur la pêche fluviale, ou aux règlements rendus en exécution de cette loi, sont recherchées et constatées, concurremment avec les officiers de police judiciaire et autres agents institués à cet effet, par les syndics des gens de mer, gardes maritimes et gendarmes de la marine.

Ces agents doivent transmettre leurs procès-verbaux au procureur impérial. (Décret du 27 novembre 1859.)

Ils peuvent également constater les infractions à la défense faite par l'article 5 de la loi du 15 avril 1829, de pêcher sans la permission de ceux à qui le droit de pêche appartient. (Loi du 15 avril 1829, art. 36.)

Les procès-verbaux doivent être transmis, soit au ministère public près le tribunal de l'arrondissement, soit à l'agent local des ponts et chaussées pour les faire parvenir au chef de service.

Les procès-verbaux dressés par les gardes et préposés commissionnés par l'administration des ponts et chaussées doivent, dans le délai le plus bref, être transmis par la voie hiérarchique à l'ingénieur en chef, qui les enverra au ministère public.

Les gardes établis aux frais des adjudicataires, doivent remettre les procès-verbaux à l'agent local des ponts et chaussées pour les faire parvenir au chef de service.

Les gardes-pêche nommés par l'Administration sont assimilés aux gardes forestiers domaniaux. (*Idem*, art. 37.)

Ils recherchent et constatent, par procès-verbaux, les délits dans l'arrondissement du tribunal près duquel ils sont assermentés (1). (*Idem*, art. 38.)

Les gardes doivent spécifier toutes les circonstances de nature à faire apprécier le caractère des délits qu'ils constatent (2), et indiquer notamment s'ils ont eu lieu de nuit (3) et si les auteurs de ces délits se trouvent en état de récidive (4). (*Idem*, art. 69 et 70.)

---

(1) Ces procès-verbaux seront rédigés selon les modèles placés à la suite de la présente instruction.

(2) Ainsi, lorsqu'il a été pris du poisson, il est nécessaire d'en indiquer les espèces, les dimensions, le poids et la valeur approximative.

(3) Le mot *nuit* doit s'entendre de l'intervalle entre le coucher et le lever du soleil. (Cass. 22 janv. 1829.)

(4) Il y a récidive lorsque, dans les douze mois qui ont précédé la perpétration du délit, il a été rendu contre le délinquant un premier jugement pour infraction en matière de pêche.

Les gardes-pêche peuvent circuler librement sur les rives des cours d'eau dans les propriétés non closes, mais ils ne peuvent, sous aucun prétexte, s'introduire dans les maisons et enclos y attenants pour la recherche des filets prohibés. (Loi du 15 avril 1829, art. 40.)

Ils peuvent néanmoins, avec l'assistance, soit du juge de paix, soit de son suppléant, soit du commissaire de police, soit du maire du lieu, soit de son adjoint, s'introduire dans les propriétés closes, attenantes à des habitations, pour constater les délits de pêche commis sur les cours d'eau qui les traversent. (Discussion de la loi à la Chambre des pairs, *Moniteur* du 7 mai 1828.)

Ils sont autorisés à saisir les filets et autres instruments de pêche prohibés, ainsi que le poisson pêché en délit. (Loi du 15 avril 1829, art. 39.)

Les filets et engins de pêche qui ont été saisis comme prohibés ne peuvent, dans aucun cas, être remis sous caution. Ils sont déposés au greffe et y demeurent jusqu'après le jugement, pour être ensuite détruits. (*Idem*, art. 41.)

Les frais de transport de ces filets et engins sont acquittés d'urgence au bureau du receveur des domaines, sur simple taxe ou mandat mis au bas du mémoire du porteur ou voiturier, soit par un juge, soit par un juge de paix, ou le maire du lieu, ou tout autre officier de police judiciaire. (Décret du 18 juin 1811, art. 133 et 134, § 2.)

Le poisson saisi pour cause de délit est vendu sans délai, dans la commune la plus voisine du lieu de la saisie, à son de trompe et aux enchères publiques, en vertu d'une ordonnance du juge de paix ou de ses suppléants, si la vente a lieu dans un chef-lieu de canton, ou, dans le cas contraire, d'après l'autorisation du maire de la commune : ces ordonnances ou autorisations sont délivrées sur la requête des agents ou gardes qui ont opéré la saisie, et sur la présentation du procès-verbal régulièrement dressé ou affirmé par eux. Dans tous les cas, les ventes ont lieu en présence du receveur des domaines, ou, à défaut, du maire ou adjoint de la commune et du commissaire de police. (Loi du 15 avril 1829, art. 42.)

(Dans le cas où la vente du poisson saisi ne pourrait pas être pratiquée, le poisson devrait être livré, sur récépissé, à l'établissement de bienfaisance le plus voisin, en vertu d'une ordonnance ou autorisation délivrée ainsi qu'il est dit ci-dessus.)

Les gardes-pêche ont droit de requérir directement la force publique pour la répression des délits en matière de pêche, ainsi que pour la saisie des filets prohibés et du poisson pêché en délit. (*Idem*, art. 43.)

Les réquisitions à la force publique énoncent le motif en vertu duquel elles sont adressées : elles sont faites par écrit, datées et signées (1). (Ordonnance du 29 octobre 1820, art. 56 et 58.)

(Cependant, en cas d'urgence, et s'il y avait péril en la demeure, le commandant ou agent de la force publique ne pourrait refuser d'agir sur une simple réquisition verbale, sauf à régulariser ultérieurement l'opération par une réquisition écrite.)

Les maris, pères, mères, tuteurs, fermiers et porteurs de licences, ainsi que tous propriétaires, maîtres et commettants, sont civilement responsables des délits commis par leurs femmes, enfants mineurs, pupilles, bateliers et compagnons, et tous autres subordonnés, sauf tout recours de droit. (Loi du 15 avril 1829, art. 74; Code Napoléon, art. 1384.)

Les fermiers du droit de pêche sont responsables des personnes auxquelles ils ont délivré des permissions de chasse ou de pêche. (Cahier des charges du 2 septembre 1858, art. 20.)

Les gardes-pêche peuvent être déclarés responsables des délits commis dans leurs cantonnements et passibles des amendes et des indemnités encourues par les délinquants, lorsqu'ils n'ont pas dûment constaté les délits. (Loi du 15 avril 1829, art. 8.)

---

(1) Les réquisitions doivent être faites suivant le modèle placé à la fin de la présente instruction.

§ 2. — *Des formalités auxquelles les procès-verbaux sont soumis.*

Les gardes doivent écrire eux-mêmes leurs procès-verbaux, les dater et les signer. Ils sont tenus de les affirmer au plus tard le lendemain de leur clôture, par-devant le juge de paix du canton ou l'un de ses suppléants, ou par-devant le maire ou l'adjoint, soit de la commune de leur résidence, soit de celle où le délit a été commis ou constaté ; le tout à peine de nullité.

Toutefois, si, par suite d'un empêchement quelconque, le procès-verbal est seulement signé par le garde-pêche, mais non écrit en entier de sa main, l'officier public qui en reçoit l'affirmation doit lui en donner préalablement lecture, et faire ensuite mention de cette formalité; le tout sous peine de nullité du procès-verbal. (Loi du 15 avril 1829, art. 44.)

Dans le cas où le procès-verbal porte saisie, il en est fait une expédition, qui doit être déposée dans les vingt-quatre heures au greffe de la justice de paix, pour qu'il en puisse être donné communication à ceux qui réclameraient les objets saisis. Le délai ne court que du moment de l'affirmation pour les procès-verbaux qui sont soumis à cette formalité. (*Idem*, art. 46.)

Les procès-verbaux doivent, à peine de nullité, être enregistrés dans les quatre jours (1) qui suivent celui de l'affirmation, ou celui de la clôture du procès-verbal, s'il n'est pas sujet à l'affirmation. L'enregistrement se fait en débet. (*Idem*, art. 47.)

§ 3. — *Preuve des délits de pêche.*

Les délits en matière de pêche sont prouvés soit par procès-verbaux, soit par témoins, à défaut de procès-verbaux, ou en cas d'insuffisance de ces actes. (*Idem*, art. 52.)

---

(1) Lorsque le dernier jour du délai est un dimanche ou un jour de fête légale, l'acte peut être enregistré le lendemain. (Loi du 23 frim. an VII, art. 25.)

Les procès-verbaux revêtus de toutes les formalités prescrites par la loi et qui sont dressés par deux agents ou gardes-pêche font preuve, jusqu'à inscription de faux, des faits matériels relatifs aux délits qu'ils constatent, quel que soit le montant des condamnations encourues. (Loi du 15 avril 1829, art. 53.)

Les procès-verbaux revêtus de toutes les formalités prescrites, mais qui ne seront dressés et signés que par un seul agent ou garde-pêche, font de même preuve suffisante jusqu'à inscription de faux, mais seulement lorsque le délit n'entraînera pas une condamnation de plus de 50 francs, tant pour amendes que pour dommages-intérêts. (*Idem*, art. 54.)

Les procès-verbaux qui ne font pas foi jusqu'à inscription de faux, font foi jusqu'à preuve contraire des faits qu'ils constatent.

§ 4. — *Prescription.*

Les actions en réparation des délits en matière de pêche, se prescrivent par un mois à compter du jour où les délits ont été constatés, lorsque les prévenus sont désignés dans les procès-verbaux.

Dans le cas contraire, le délai de prescription est de trois mois, à compter du même jour. (*Idem*, art. 62.)

Ces dispositions ne sont pas applicables aux délits et malversations commis par les agents, préposés ou gardes de l'Administration dans l'exercice de leurs fonctions; les délais de prescription à l'égard de ces préposés et de leurs complices, sont les mêmes que ceux qui sont déterminés par le Code d'instruction criminelle. (*Idem*, art. 63.)

TABLEAU

Des délits prévus et des peines édictées par la loi du 15 avril 1829.

ARTICLES applicables.	NATURE DES DÉLITS.	AMENDES encourues.	PEINES À AJOUTER À L'AMENDE.
5.	Pêche sans autorisation.....	20 à 100f	Confiscation (facultative) des filets et engins. — Restitution du prix du poisson. — Dommages-intérêts.
24.	Établissement d'un barrage..	50 à 500	Dommages-intérêts. — Destruction du barrage.
25.	Drogues et appâts malfaisants.	30 à 300	Emprisonnement d'un à trois mois.
27.	Pêche en temps prohibé.....	30 à 200	
28 et 41.	Filets, engins et modes de pêche prohibés..........	30 à 100	Destruction des filets et engins saisis.
28.	Même délit en temps de frai.	60 à 200	*Idem.*
29.	Emploi, pour une autre pêche, de filets permis pour celle du poisson de petite espèce.	30 à 100	
29.	Même délit en temps de frai.	60 à 200	
29 et 41.	Port d'engins prohibés......	20f	Confiscation et destruction des engins prohibés.
30.	Pêche, colportage et vente de poisson n'ayant pas les dimensions voulues........	20 à 50	Confiscation du poisson.
31.	Emploi d'appâts prohibés....	20 à 50	
32.	Emploi de filets non plombés.	20f	
33.	Détention de filets ou engins par les contre-maîtres, employés du balisage et mariniers................	50	Confiscation des filets.
33.	Refus, par les mariniers, de laisser visiter les bateaux..	50	
34.	Refus, par les fermiers, porteurs de licences et pêcheurs en général, de laisser visiter les bateaux et boutiques à poisson, etc............	50	
41.	Refus, par les délinquants, de remettre les filets prohibés.	50	
69.	Délits commis en récidive....	Amende double.	
70.	Délits commis la nuit.......	Amende double.	

EXTRAIT

Du Règlement d'administration locale, du 18
sur la police de la pêche dans le département d

1° Temps, saisons et heures pendant lesquels la pêche est interdite.

2° Procédés et mode de pêche prohibés.

3° Filets, engins et instruments de pêche prohibés.

4° Dimensions des filets dont l'usage est permis pour la pêche des différentes espèces de poissons.

5° Dimensions au-dessous desquelles les poissons ne peuvent être pêchés et doivent être rejetés en rivière.

6° Espèces de poissons avec lesquelles il est défendu d'appâter les hameçons, nasses, filets et autres engins.

7° Dispositions particulières.

MODÈLES DE PROCÈS-VERBAUX.

NOTA. Les modèles ci-après indiquent les diverses manières de remplir la formule générale des procès-verbaux, afin de spécifier la nature et les circonstances des délits.

MODÈLE N° 1.

Procès-verbal pour fait de pêche sans droit ou permission dans une rivière navigable ou flottable, avec un instrument autre que la ligne flottante.

L'an mil huit cent soixante......., le..... du mois...... nous soussigné (nom et prénoms), garde-pêche (ou garde champêtre, etc. etc.) à la résidence d......., certifions que faisant notre tournée, revêtu de nos insignes, et passant vers........ heures (matin ou soir) sur la rive (droite ou gauche) de la rivière navigable ou flottable de......, au lieu dit....., situé sur le territoire de la commune de........, nous avons trouvé le nommé (nom, prénoms, profession et demeure) (1) pêchant

---

(1) Si le délinquant est *mineur*, le rédacteur fera connaître s'il habite ou non avec son père, ou avec sa mère, ou avec son tuteur.

Si le délinquant est *un homme à gages*, indiquer les nom, prénoms et domicile de son maître.

Si le délinquant est *inconnu* au garde, rédiger ainsi le procès-verbal : «Nous avons trouvé un individu à nous *inconnu*, qui a déclaré être le sieur....... (nom, prénoms, domicile). D'après les renseignements que nous avons recueillis, nous avons reconnu que cette déclaration était (exacte ou fausse). — (En cas de fausse déclaration, faire de nouvelles recherches et en indiquer le résultat.)

Pour prévenir toute fausse déclaration, le garde devra conduire les inconnus devant le juge de paix ou devant le maire toutes les fois qu'il ne rencontrera pas de résistance de leur part.

à l'aide de.... (indiquer le filet, l'instrument ou le moyen quelconque dont il se servait). Il avait pris déjà......... grammes environ de poisson (indiquer l'espèce), d'une valeur approximative de...... francs...... centimes. Lui ayant déclaré notre qualité, nous l'avons sommé, au nom de la loi, de nous remettre (le filet ou autre instrument de pêche dont il avait fait usage), ainsi que le poisson qu'il avait pris en délit (1); ce à quoi il a obtempéré (ou refusé d'obtempérer).

Dont acte clos à...... le (2),

(Signature.)

MODÈLE N° 2.

Procès-verbal pour fait de pêche sans droit ou permission, dans un cours d'eau où la pêche appartient à des particuliers.

L'an, etc. nous, etc. passant vers... heures du... sur la rive..... (de la rivière, du ruisseau ou du canal de.....), au lieu dit....., situé sur le territoire de....., nous avons trouvé le sieur (nom, prénoms, profession et demeure), qui pêchait à l'aide de (indiquer le filet, l'instrument ou le mode quelconque de pêche employé), dans cette partie (de la rivière, du ruisseau ou du canal) dont la pêche appartient à..... Il avait pris déjà ..... grammes environ de (indiquer l'espèce de poisson), d'une valeur approximative de... francs... centimes. Nous lui avons fait observer qu'il n'avait pas le droit de pêcher dans ce cours

---

(1) Le fait seul de pêche sans autorisation peut donner lieu à la confiscation des instruments de pêche et donne toujours lieu à la restitution du prix du poisson. (Art. 5 de la loi.)

(2) Indiquer la date exacte de la clôture du procès-verbal. — Le garde doit, autant que possible et à moins de vérifications à faire, rédiger et clore son procès-verbal le jour même de la constatation du délit.

d'eau, et, lui ayant déclaré notre qualité, l'avons sommé, au nom de la loi, de nous remettre (le filet ou tout autre instrument de pêche) dont il avait fait usage, ainsi que le poisson qu'il avait pris (1); ce à quoi il a obtempéré (ou refusé d'obtempérer).

Dont acte clos, etc.

MODÈLE N° 3.

Procès-verbal contre une personne ayant fait acte de pêche dans un cours d'eau quelconque, sans droit ni autorisation, soit en temps prohibé, soit avec filet ou instrument défendu.

L'an, etc. nous, etc. passant vers..... heures du..... sur la rive........ de la rivière ou du canal de........ au lieu dit......., situé sur le territoire de la commune de........, nous avons trouvé le sieur (nom, prénoms, profession et demeure), qui pêchait à l'aide de (indiquer le filet, l'instrument ou le mode quelconque de pêche employé; indiquer également, s'il y a lieu, si la maille du filet a la largeur prescrite par l'ordonnance du 15 novembre 1830), dans cette partie de la rivière (ou du canal) dont la pêche appartient à......... Il avait pris déjà...... grammes environ de (indiquer l'espèce de poisson), d'une valenr approximative de.... francs.... centimes. Nous lui avons déclaré qu'il était en contravention à la loi pour avoir pêché sans droit dans ladite rivière, et pour l'avoir fait (soit en temps prohibé, soit avec filet ou instrument défendu, soit avec les deux circonstances); et, lui ayant fait connaître notre qualité, l'avons sommé, au nom de la loi, de nous remettre (le filet ou tout autre engin de pêche) dont il avait fait usage, ainsi que le

(1) Aux termes de l'article 5 de la loi, il peut y avoir lieu à la confiscation des filets et engins de pêche, et il y a toujours lieu à la restitution du prix du poisson pour fait de pêche sans autorisation.

poisson qu'il avait pris; ce à quoi il a obtempéré (ou refusé d'obtempérer).

Dont acte clos, etc.

MODÈLE N° 4.

Procès-verbal pour fait de pêche en temps prohibé, dans un cours d'eau quelconque, par une personne ayant droit de pêche.

L'an, etc. nous avons trouvé le sieur (nom, prénoms, profession et demeure) occupé à pêcher dans cette partie de rivière (ou ruisseau ou canal) où il a le droit de pêche en sa qualité de (fermier de la pêche ou porteur de licence, ou de propriétaire riverain, si c'est une rivière non navigable ou flottable); nous lui avons fait observer qu'il était en contravention (à la loi et aux ordonnances) pour avoir pêché (en temps, saisons ou heures prohibés); et, lui ayant déclaré notre qualité, l'avons sommé de nous remettre le poisson qu'il avait pris (faire connaître le poids et la valeur approximative de ce poisson); ce à quoi il a obtempéré (ou refusé d'obtempérer) (1).

Dont acte clos, etc.

MODÈLE N° 5.

Procès-verbal pour fait de pêche en temps permis à l'aide de filets ou engins prohibés, par une personne ayant droit de pêche.

Dans ce cas, le procès-verbal doit être rédigé d'après le modèle n° 4, avec la seule différence que le garde doit requérir le

---

(1) Le seul fait d'avoir pêché en temps, saisons ou heures prohibés n'entraînant pas la confiscation des instrumedts de pêche, il n'y aurait lieu à la saisie de ces instruments qu'autant qu'ils seraient prohibés. La loi, article 27, ne prononce qu'une amende; toutefois la saisie du poisson pêché en délit doit toujours être opérée. (Art. 39, 42 et 43).

contrevenant de remettre les filets ou engins prohibés dont il s'est servi, puisque la loi, article 41, porte qu'ils seront déposés au greffe et y demeureront jusqu'après le jugement, pour être ensuite détruits.

Le rédacteur ajoutera, en conséquence, après ces mots : *et lui ayant déclaré notre qualité,* l'avons sommé, au nom de la loi, de nous remettre le filet ou l'instrument de pêche dont il avait fait usage, ainsi que le poisson qu'il avait pris, etc. etc.

MODÈLE N° 6.

Procès-verbal pour fait de pêche en temps prohibé et avec instrument défendu, par une personne ayant droit de pêche.

Ce procès-verbal doit être rédigé d'après le modèle n° 5, en ajoutant après ces mots : *qu'il était en contravention à la loi et aux ordonnances, pour avoir pêché en temps, saisons ou heures prohibés,* ceux-ci : et avec tel ou tel filet ou instrument qui est prohibé; lui ayant déclaré notre qualité, l'avons sommé de nous remettre l'instrument de pêche, ainsi que le poisson qu'il avait pris; ce à quoi, etc. etc.

MODÈLE N° 7.

Procès-verbal pour emploi de filets ou engins non plombés, dans une rivière navigable ou flottable.

L'an, etc......, avons trouvé le sieur...., occupé à pêcher avec (indiquer le filet ou engin), dans cette partie de rivière où il a le droit de pêche en qualité de (fermier, sous-fermier, permissionnaire). Ayant invité le sieur..... à nous représenter ce (filet ou engin), nous avons reconnu qu'il n'était ni plombé ni marqué. En conséquence, nous avons déclaré procès-verbal audit sieur... pour contravention à l'article 32 de la loi du 15 avril 1829.

Dont acte clos, etc.

MODÈLE N° 8.

Procès-verbal pour constater le fait du barrage d'un cours d'eau quelconque.

L'an, etc...., avons reconnu que telle partie de (la rivière, du canal ou du ruisseau de....) avait été barrée par (des gords ou piquets, palissades, bâtardeaux, treillages, grillages ou par des filets tendus transversalement). Ce barrage, qui a pour effet d'empêcher entièrement le passage du poisson, a été établi, par le sieur...... (Si le garde n'a point vu établir le barrage, il fera connaître les renseignements desquels il résulte que la personne qu'il désigne en est l'auteur.)

Dont acte, etc.

MODÈLE N° 9.

Procès-verbal pour constater l'emploi de drogues ou appâts nuisibles aux poissons.

L'an.... etc. avons reconnu que le sieur....... jetait (ou venait de jeter) dans la rivière de......, des drogues ou appâts prohibés par la loi (indiquer si les substances qu'il employait ou avait employées étaient de la chaux, de la noix vomique, de la coque du Levant, de la noix de cyprès, du musc, de la sciure de bois, etc.); que, par l'effet de ces substances, plusieurs poissons se trouvaient morts ou enivrés à l'endroit où elles avaient été jetées ou employées (ajouter toutes les circonstances propres à bien caractériser le délit). Nous avons fait observer audit sieur... qu'il était en contravention à la loi pour avoir employé des substances nuisibles, et que, de plus, il n'avait aucun droit de pêche dans la rivière; ce qui constituait de sa part un double délit.

Dont acte clos, etc.

OBSERVATIONS.

Les différentes formules qui précèdent peuvent, moyennant quelques modifications, servir à constater les autres délits, tels que ceux qui consistent :

A prendre le poisson à la main;

A battre l'eau avec des bouilles ou longues perches;

A rompre la glace des rivières ou canaux dans la vue de pêcher;

A employer des feux ou brandons pour attirer le poisson;

A mettre des bires ou nasses d'osier au bout des dideaux pendant le temps de frai;

A colporter et débiter des poissons des espèces désignées par les ordonnances et qui n'auraient pas les dimensions voulues;

A se servir de ces espèces de poissons pour amorcer les hameçons, etc.

Mais le garde rédacteur ne doit jamais oublier de requérir la remise et de déclarer la saisie de tout poisson pêché en délit, c'est-à-dire par l'un des moyens que la loi déclare prohibés; de même que, dans le cas où le délinquant n'avait pas le droit de pêcher, il doit également requérir la remise ou déclarer la saisie des filets et engins défendus, et même de ceux dont l'emploi serait permis.

MODÈLE D'AFFIRMATION DE PROCÈS-VERBAL.

Par-devant nous

comparu le sieur

garde....... dénommé au rapport qui précède, lequel après que lecture l...... en a été par nous faite l...... affirmé par serment sincère et véritable et signé avec nous.

A......... le...... . mil huit cent soixante......

MODÈLE DE RÉQUISITION A LA FORCE PUBLIQUE.

Nous soussigné (nom, prénoms et qualité), requérons, en vertu des articles 25 du Code d'instruction criminelle et 43 de la loi du 15 avril 1829, M. le...... commandant de la gendarmerie (ou de la garde nationale ou de la troupe de ligne) de....., de nous prêter main-forte à l'effet de....... (indiquer le motif de l'emploi de la force publique).

Fait à....., le....... mil huit cent soixante......

(Signature.)

INSTRUCTIONS PRATIQUES

POUR

LE REPEUPLEMENT DES COURS D'EAU.

DIVISION DES POISSONS D'EAU DOUCE, EU ÉGARD À LEUR UTILITÉ.

Poisson indifférents

Les poissons d'eau douce, au point de vue l'économie générale, se divisent en deux catégories.

Les uns, au nombre desquels sont le *chabot*, les *loches* et la plupart des *ables*, tels que le *gardon*, la *vandoise*, l'*ablette*, le *rotengle*, le *véron*, etc. généralement très-peu estimés et de petite taille, n'offrent pas de grandes ressources à la consommation publique.

Poissons utiles.

Les autres, parmi lesquels se trouvent toutes les espèces de la famille des *saumons*, les *carpes*, la *brème*, les *perches*, la *tanche*, le *brochet*, l'*anguille*, etc. entrent, au contraire, pour une grande part, dans le régime alimentaire de l'homme.

C'est à la propagation de ces derniers qu'il faut particulièrement s'attacher, en faisant concourir à ce résultat les fécondations, l'incubation, l'alevinage artificiels; les aménagements destinés à favoriser les pontes, à les rendre possibles là où elles n'auraient pas eu lieu; l'action protectrice des sujets reproducteurs, des lits de ponte, de l'alevin.

NATURE DES EAUX, EN RAPPORT AVEC CELLE DES ESPÈCES.

Pour opérer rationnellement et avec des chances de succès, les conditions de milieu qui conviennent à chaque espèce ne sont pas indifférentes à connaître.

En effet, toutes les eaux, toutes les natures de fond, toutes les températures ne sont pas également propres à la multiplication et au prompt développement de tous les poissons.

Milieu qui convient aux poissons d'hiver, comme le saumon.

Les eaux vives, claires, crues, qui coulent sur des lits de sable, de cailloux, et dont la température, au moment des fortes chaleurs, ne s'élève pas au-dessus de 16 degrés, sont plus particulièrement favorables aux saumons, aux truites, aux ombres.

Milieu qui convient aux poissons d'été, comme la carpe.

Les poissons, dits *poissons d'été*, comme la carpe, la tanche, la brème, etc. ne prospèrent généralement point dans de pareilles conditions. Leur accroissement y est très-lent, et leur reproduction à peu près nulle. Il faut à ceux-ci, aussi bien qu'à tous les *poissons blancs*, des eaux ordinairement grasses, tranquilles, reposant sur un fond vaseux ou marneux, et dont la température, pendant la saison d'été, s'élève à 20 degrés et au-dessus.

ÉPOQUE DES PONTES ET CONDITIONS AU MILIEU DESQUELLES ELLES SE FONT.

Les périodes de la reproductiou, les conditions au milieu desquelles chaque espèce va frayer, ne sont pas moins nécessaires à connaître, soit pour prendre en temps opportun, les mesures propres à favoriser les pontes, soit pour obtenir des sujets dont la maturation des œufs soit assez avancée pour opérer des fécondations artificielles.

Période de la reproduction.

Quoique la période de la *fraie*, pour chaque espèce, varie selon les climats, et même selon la précocité des saisons, on peut, cependant, la fixer d'une manière générale :

D'octobre à janvier, pour les truites, les saumons, l'ombre chevalier, la lotte commune;

En février et mars, pour le brochet;

En avril et mai, pour le barbeau, la brème, la sandre, l'ombre commune, la perche;

De juin à la fin d'août, pour les carpes, la tanche, le goujon.

Chaque espèce ne se reproduit qu'une seule fois dans l'année.

Conditions où se font les pontes.

Les conditions au milieu desquelles ces divers poissons placent leurs œufs, offrent presque autant de variétés que les époques de la ponte.

Ainsi les truites, les saumons, les ombres les déposent et les enfouissent dans des fosses creusées par eux, sur des bancs de cailloux, de gravier, lavés par des eaux vives, fraîches et roulantes.

La carpe, la tanche, le brochet les fixent aux herbes qui croissent et flottent dans les eaux calmes et chaudes des rives ou des petits fonds.

Le barbeau, la brème, le goujon les dispersent sur les fonds graveleux soumis aux courants.

Enfin, la perche les pond en masse, sous forme de bourse allongée, et les enlace aux racines, aux branchages submergés, aux végétaux aquatiques, qu'elle rencontre dans les eaux tranquilles des gares, des anses.

MULTIPLICATION DES POISSONS PAR LES PROCÉDÉS ARTIFICIELS.

Dans l'état de nature, les pontes des poissons sont soumises à de nombreuses causes de destruction. Non-seulement les œufs peuvent être troublés et arrêtés dans leur développement par suite de modifications accidentellement apportées au régime des eaux, mais encore leur nombre est incessamment diminué par une foule d'insectes, d'oiseaux aquatiques et surtout de poissons qui les recherchent et s'en nourrissent. Aussi comprend-on que la multiplication des espèces soit si peu en rapport avec leur excessive fécondité. Pour favoriser cette multiplication, il faut donc soustraire les œufs à leurs ennemis et aux causes qui peuvent les altérer : double résultat que l'on obtient par la fécondation artificielle et les procédés qui s'y rattachent.

CONDITIONS DES ŒUFS ET DE LA LAITANCE PROPRE À LA FÉCONDATION.

Quelle que soit l'espèce que l'on veut multiplier artificiellement, on ne peut opérer avec succès si la laitance, chez le mâle, si les œufs, chez la femelle, ne sont pas mûrs et sains.

Pour les obtenir dans de telles conditions, le meilleur moyen est de s'emparer des sujets lorsqu'ils fréquentent les frayères. Cependant, lors même qu'on les prend à ce moment, la ponte n'est pas toujours tellement imminente qu'on puisse la provoquer immédiatement. Dans ce cas, on met les poissons que l'on vient de capturer dans des viviers, et quelques jours suffisent ordinairement pour amener les œufs et la laitance au degré de maturation désirable.

Caractères des œufs mûrs.

Les œufs sont mûrs lorsqu'ils sont libres dans le ventre de la femelle. Des signes, appréciables à l'extérieur, traduisent cette maturation. Le pourtour de l'anus est rouge, gonflé, proémine sous forme de bourrelet, et, dans beaucoup de cas, des œufs, descendus par leur propre poids; sont engagés dans ce bourrelet et s'y montrent par transparence. Le ventre est mou, cède facilement à la pression et l'on sent, à travers ses parois, les œufs se déplacer sous les doigts. Enfin, le plus léger effort, souvent même la simple suspension de l'animal, suffit pour provoquer la ponte.

Mais ces signes de maturation se manifestent aussi bien quand les œufs sont sains que lorsqu'ils sont altérés. L'on ne peut bien juger de leur état qu'après en avoir reçu quelques-uns dans un vase contenant de l'eau.

Les œufs sains, au moment de leur chute, sont plutôt transparents qu'opaques ; ils ont une teinte franche, et l'enduit visqueux qui les enveloppe ne blanchit pas au contact de l'eau.

Caractères des œufs sains.

Les œufs altérés ont des teintes louches, sont parfois totalement ou partiellement opaques. D'autres fois, avec une transparence extrême, ils ont un noyau central plus ou moins volumineux, et la mucosité qui les entoure, ordinairement sanieuse, blanchit et trouble l'eau dans laquelle on les plonge.

Caractères des œufs altérés.

Tenter la fécondation sur des œufs qui offrent de pareils caractères, serait peine perdue ; il faut les rejeter.

Chez le mâle, la laitance est mûre lorsque de légers frottements le long des flancs, ou seulement les efforts que fait l'animal en se débattant, en produisant l'écoulement.

Caractères de la laitance mûre.

Elle est saine, et dans de bonnes conditions, si elle a la couleur, la consistance et la fluidité de la crème.

Caractères de la laitance saine.

La laitance que l'on obtient à l'aide de fortes pressions, qui sort par gouttes épaisses, difficiles à délayer dans l'eau, ayant une teinte jaunâtre ou rougeâtre, est altérée ou n'a pas toute sa maturité et, par conséquent, toute sa vertu fécondante. On doit également s'abstenir de l'employer.

Caractères de la laitance altérée.

Le succès dépend donc beaucoup ici du choix des sujets, et de l'état de œufs et de la laitance.

Il faut, autant que possible, n'opérer qu'avec des animaux vivants. Cependant, on peut utiliser des poissons qui seraient morts depuis quelques heures, mais dont la laitance et les œufs offriraient les signes qui caractérisent les produits sains.

PROCÉDÉS DE FÉCONDATION ARTIFICIELLE.

Pour accomplir sûrement et rapidement la fécondation artificielle, il faut préalablement, et quelle que soit l'espèce, placer dans deux baquets pleins d'eau, d'un côté, les mâles, de l'autre, les femelles dont on va se servir.

Il faut aussi considérer si les œufs qu'on va féconder restent libres, comme ceux des saumons, des truites; ou si, en tombant, ils se fixent aux corps étrangers, comme ceux des carpes, de la tanche, du barbeau. Cette différence, dans la manière dont les œufs se comportent, en entraîne une dans le mode de procéder.

Fécondation des œufs qui restent libres.

Dans le premier cas, voici comment on opère :

Après s'être pourvu d'un vase en faïence, en bois ou en verre, à fond large et plat, ou même d'un baquet bien propre, on le remplit à moitié ou au tiers seulement d'une eau pure et limpide, à la température de 5 à 10 degrés pour les espèces dont il s'agit (truites, saumons, ombres). Cela fait, on s'assure d'une femelle, que l'on saisit des deux mains, mais de telle sorte que la gauche corresponde à la tête et la droite à la queue. Dès que l'on s'en est rendu maître, et qu'elle ne se débat plus, on l'approche du vase et on la délivre en lui pressant légèrement les flancs entre le pouce et les autres doigts de la main droite, que l'on fait glisser de la tête à la queue, autant de fois qu'il est nécessaire.

Il arrive parfois qu'une première tentative est sans résultat : la femelle retient ses œufs par de violentes contractions. Il ne faut dans ce cas rien brusquer, mais attendre. Quelques secondes suffisent ordinairement pour faire cesser cet état spasmodique, et les œufs coulent alors sans difficulté.

Cette première opération terminée et après avoir changé l'eau, si elle a été souillée par d'abondantes mucosités ou par les déjections de la femelle, l'on saisit immédiatement un mâle, et l'on extrait, par le même procédé, quelques gouttes de laitance, dont on facilite la dispersion sur les œufs en imprimant, soit avec la main, soit avec une plume, soit même avec la queue du poisson, une légère agitation à l'eau qui doit prendre alors une très-faible teinte opaline.

Le même mâle fournit assez de semence pour féconder les œufs de plusieurs femelles.

Une minute environ de repos rend l'imprégnation suffisante, on lave les œufs, en renouvelant plusieurs fois l'eau du vase qui les a reçus.

Toutes ces manœuvres peuvent être exécutées par une seule personne lorsque les sujets sont de petite taille; mais des poissons de deux à trois livres réclament déjà l'assistance d'un aide, dont le rôle consiste à maintenir, avec un linge, la queue de l'animal, afin d'en modérer les contractions.

Un aide et quelquefois deux sont également nécessaires pour des poissons de cinq à six livres et au-dessus. L'opérateur qui provoque l'expulsion des œufs ne le peut bien alors qu'en comprimant, d'avant en arrière, avec ses deux mains, les flancs de la femelle, qu'un premier assistant suspend par les ouïes, pendant qu'un deuxième lui saisit fortement la queue, pour prévenir tout mouvement brusque.

En général, les œufs que doit pondre une femelle pendant la saison mûrissent à la fois, se détachent simultanément de l'ovaire et sont simultanément aptes à être fécondés. Cependant, les saumons et les truites, livrés à eux-mêmes, font des pontes successives et mettent plusieurs jours à frayer. Pour imiter ce qui se passe dans la nature, on devrait donc, après avoir obtenu d'une femelle et d'un mâle un certain nombre d'œufs et la quantité de semence nécessaire pour les féconder, laisser reposer les sujets dans un vivier, un jour au moins avant de renouveler l'opération. Mais ce que l'on peut faire impunément avec des poissons destinés au marché, et que l'on peut garder quelque temps dans d'étroits espaces, devient nuisible à ceux que l'on veut conserver comme reproducteurs. Des manœuvres réitérées les fatiguent, les altèrent et finissent par leur devenir fatales. Aussi est-il préférable de les délivrer de tous leurs œufs à la fois et de leur rendre immédiatement la liberté.

Si ces œufs sont trop abondants, ce qui arrive lorsque l'on a à faire à des femelles dont le poids est déjà de trois à quatre livres, il faut éviter de les recevoir tous dans un seul vase et des les *laitancer* en masse. On doit alors les répartir dans des vases distincts, par petits lots de trois à quatre mille, et faire des fécondations partielles.

Fécondation des œufs qui se fixent.

Pour les œufs qui s'attachent aux corps sur lesquels ils tombent, comme ceux des carpes, de la tanche, etc. le mode de fécondation diffère un peu de celui qui vient d'être exposé.

Plusieurs baquets de capacité convenable, renfermant de l'eau à la température de 16 à 20 degrés; des plantes aquatiques ou de petits balais de bruyère, de brindilles, de chevelu de certains arbustes sont ici nécessaires, et trois personnes doivent concourir simultanément à la fécondation.

L'une saisit la femelle, et par la manœuvre indiquée plus haut la délivre d'une partie de ses œufs, l'autre prend en même temps le mâle, dont elle exprime quelques gouttes de laitance; la troisième, enfin, reçoit les deux produits sur les touffes d'herbes, les bouquets de bruyère plongés dans le baquet, et favorise le mélange en agitant doucement ces touffes et en les retournant, pour que les œufs se fixent un peu partout.

Ici les fécondations sont nécessairement partielles; lorsqu'une touffe est convenablement garnie d'œufs, on passe immédiatement à un autre baquet, et on procède à la même opération, jusqu'à ce que les poissons dont on dispose, soient à peu près épuisés.

Les fécondations des carpes, des tanches et de tous les poissons dont les œufs adhèrent, demandent, on le voit, plus de soins que celles des saumons et des truites, et ne donnent pas de moins bons résultats, lorsqu'elles sont bien faites.

Du reste, on peut multiplier ces poissons par un moyen plus simple et qui dispense d'avoir recours à la fécondation artificielle. Il suffit de mettre, à l'époque de la reproduction, dans des réservoirs, des fossés et même des mares, alimentés par des eaux naturelles, pures et chaudes, plusieurs couples adultes de l'espèce qu'on veut propager (carpe ou tanche par exemple), pour obtenir des pontes et des éclosions abondantes, surtout si on a le soin de créer dans ces bassins des frayères artificielles, lorsque la végétation n'y fournit pas de bonnes conditions de ponte.

TRANSPORT DES ŒUFS FÉCONDÉS.

Si les œufs fécondés artificiellement doivent subir leur incubation dans des appareils disposés d'avance sur les lieux mêmes ou dans le voisinage, on les verse directement dans ces appareils, au fur et à mesure que les opérations sont accomplies.

S'ils doivent parcourir de grandes distances avant d'arriver à destination, on les place alors dans des conditions qui, tout en atténuant les pertes, rendent le transport facile. Ces conditions varient selon l'état de la température et selon la nature des œufs.

Transport des œufs libres.

Pour les œufs libres et résistants, on a des boîtes en bois ou en fer-blanc, dans lesquelles on les met à sec, par couches superposées, entre de la mousse préalablement lavée et bien tordue. L'humidité qu'elle conserve après le lavage et la torsion est assez grande pour préserver les œufs de la dessiccation.

Dans le cas où l'on a à redouter la gelée, l'on enferme la boîte qui contient les œufs dans une boîte plus grande, et l'on comble les vides que ces deux boîtes laissent entre elles, soit avec de la mousse parfaitement sèche, soit avec du foin, de la sciure de bois, ou avec d'autres matières qui s'opposent à l'action trop directe du froid.

Transport des œufs adhérents.

Les œufs adhérents à des corps étrangers, comme ceux de la carpe, du gardon, etc. ne peuvent être transportés aussi loin que les œufs des saumons ou des truites. Le peu de résistance de leurs membranes les rendant trop accessibles à l'action délétère des corps environnants, il serait imprudent de leur faire supporter un voyage de deux à trois jours.

Si la distance qu'on doit leur faire parcourir est de quelques heures seulement, on emploie, pour leur transport, des seaux ou des baquets pleins d'eau, dans lesquels on plonge les corps auxquels ils adhèrent.

Si la distance est plus grande, l'on enferme, par petits paquets, dans une boîte, dans une bourriche, les corps qui supportent les œufs, en ayant la précaution de ne pas trop les entasser, pour éviter la compression, et d'entourer chaque paquet d'un linge mouillé simple ou double.

Transport des œufs agglutinés.

Les œufs agglutinés ensemble, tels que ceux de la perche, sont plus délicats encore que ceux de la tanche, de la carpe, et demandent d'autres soins. Ce n'est plus entre des herbes ou des linges humides que leur transport doit se faire, surtout s'ils ont une destination un peu éloignée, mais dans des bocaux ou des baquets remplis aux trois quarts d'une eau à la température de celle ou s'est faite la récolte.

INCUBATION DES ŒUFS. — APPAREILS QU'ELLE NÉCESSITE.

Quel que soit le procédé à l'aide duquel on s'est procuré des œufs, que ces œufs soient libres, adhérents ou agglutinés, on doit se garder de les abandonner au hasard en plein cours d'eau ou dans des étangs. Il faut les mettre à l'abri des causes de destruction qui, dans la nature, frappent quelquefois des générations entières. On y parvient en les plaçant dans des conditions particulières.

Incubation des œufs libres dans l'appareil à courant continu.

L'appareil à courant continu, formé de rigoles ou augettes en terre vernie, de 50 centimètres de long, sur 15 de large et 10 de profondeur, dans lesquelles s'adapte une claie à baguettes de verre, convient parfaitement à l'incubation des œufs de truite, de saumon, d'ombre, et donne les meilleurs résultats.

Cet appareil, qui est d'une parfaite innocuité, rend la surveillance facile, permet d'entretenir autour des œufs la propreté nécessaire à leur évolution, et se prête à toutes les combinaisons.

On peut le réduire à une seule rigole, alimentée par l'eau d'une fontaine, d'un tonneau, d'un récipient quelconque; on peut en multiplier les rigoles, les disposer par séries parallèles sur des échafaudages en forme de marchepied, ou les étager à côté les uns des autres, sur un double rang de gradins se correspondant comme les marches d'un double escalier.

Un petit filet d'eau, qu'un robinet règle à volonté, détermine, en tombant de rigole en rigole, un courant qui assure le régulier développement des œufs, si toutefois ces œufs ne sont pas entassés sur les claies. Une rangée, deux au plus, forment des couches convenables.

Incubation des œufs libres dans les ruisseaux naturels.

A défaut d'appareils de cette nature, on peut faire développer les œufs de saumons, de truites, d'ombres, dans de petits ruisseaux naturels, à fond caillouteux, à la condition qu'ils y seront à l'abri de tout accident, et que l'eau, plutôt froide que chaude, ne sera ni très-profonde ni très-courante.

Température qui convient à l'incubation des œufs libres.

La température la plus convenable pour les œufs de ces espèces, dans quelque condition qu'on les place, est celle qui, offrant le moins de variations, se maintient entre 6 et 10 degrés au-dessus de zéro.

Parmi les espèces de la famille du saumon, il en est une, le *féra*, qu'il importe d'acclimater à cause de sa grande fécondité; mais ses œufs éclosent en des conditions particulières. Il faut les semer, comme du grain, sur des lits de cailloux et de gravier dans des eaux peu profondes, ou, ce qui est préférable, les répandre sur des lits de mousse incomplétement immergés, dans lesquels la capillarité entretient une constante humidité.

Si on place ces mousses dans des appareils à éclosion, l'eau devra s'écouler par l'ouverture pratiquée à la partie inférieure de l'extrémité opposée à celle par où entre le courant.

Lorsque l'éclosion est imminente, on ferme l'ouverture d'écoulement, l'auge se remplit et les jeunes poissons qui naissent peuvent alors se mouvoir librement. Mais, au lieu de les laisser dans des appareils, comme on le fait pour les autres espèces de la même famille, il faut se hâter de les jeter dans les eaux que l'on veut ensemencer, parce qu'ils sont d'une nature vagabonde.

L'appareil à courant continu sert aussi à faire éclore les œufs adhérents, qui, comme ceux du barbeau, ont besoin d'une eau courante pour se développer.

Incubation des œufs adhérents dans des récipients.

Quant aux œufs de carpe, de tanche, de perche, de brème, etc. leur incubation s'accomplit parfaitement et avec sécurité dans des cuves en bois ou de larges baquets bien propres, dans lesquels n'auraient point séjourné des substances délétères. On y immerge les plantes auxquelles ces œufs sont fixés, et l'on fait en sorte d'y maintenir l'eau à une température de 12 à 15 degrés pour les perches, de 20 à 25 degrés pour les carpes et les tanches. Pour obtenir ce résultat, l'on ombrage les baquets avec une toile ou des branchages, si l'ardeur du soleil élève la température de l'eau au-dessus du degré convenable; on les couvre avec des planches ou des paillassons, si le froid de la nuit tend à l'abaisser trop.

Température qui convient à l'incubation des œufs adhérents.

Après l'éclosion, on verse les jeunes, avec l'eau qui les contient, dans le bassin ou le cours d'eau que l'on veut empoissonner.

Incubation des œufs adhérents dans les cours d'eau.

L'on peut encore employer avec succès, pour l'incubation des œufs adhérents, des mannes en osier, des boîtes à claire-voie, des paniers que l'on place, après y avoir renfermé les corps sur lesquels ces œufs sont fixés, dans les anses des rivières, les gares, les petits réduits naturels, là où l'eau est calme, très-peu profonde et d'une température favorable au développement de l'espèce.

Pour que ces engins ne soient pas entraînés ou déplacés, on les attache à une corde, qu'un pieu fixe au rivage.

L'ensemencement se fait ici de lui-même; les jeunes poissons, en éclosant, se dispersent aussitôt dans les eaux où leur développement s'est accompli.

DURÉE DE L'INCUBATION, SOINS À DONNER AUX ŒUFS DE SAUMON, ETC. PENDANT CETTE PÉRIODE.

La durée de l'incubation varie selon les espèces et selon la température des eaux. Dans les conditions normales, elle est de dix à quinze jours pour les œufs de carpe, de tanche, de barbeau; de vingt jours environ pour ceux du brochet et de l'ombre commune; d'un mois et demi à deux mois pour les œufs de truite, de saumon.

Soins qu'exigent les œufs de saumon durant l'incubation.

Ces derniers, durant cette longue période, réclament quelques petits soins. Ainsi, tous les deux ou trois jours, on doit enlever avec des pinces les œufs qui ont blanchi. Ces œufs, étant frappés de mort, deviennent le siége d'une végétation parasite, qui nuit aux autres lorsqu'on ne les retire pas. Il faut aussi, pendant les deux premières semaines, se garder de les agiter et surtout de leur faire subir un transport, quelque courte que soit la distance à parcourir. Le repos le plus complet leur est, dans les premiers jours, absolument nécessaire.

Plus tard, quand les formes du jeune poisson se dessinent bien, quand les yeux apparaissent comme deux points noirâtres à travers la membrane externe, les mouvements, l'agitation qu'on imprime aux œufs n'ont plus le même danger. On peut alors, s'il y a nécessité, purger les appareils des sédiments que les eaux y auraient apportés, retirer les claies et leur contenu des augettes, transborder les œufs d'une claie à l'autre.

Transport des œufs

C'est aussi cette période du développement qu'il faut choisir pour les faire voyager. A cet effet, on procède exactement de la en voie de développement. même façon que pour les œufs libres dont on vient d'opérer la fécondation. Disposés par couches dans des boîtes, sur de la mousse humide, ils parviennent sûrement à destination. Remis en incubation, après leur déballage, ils poursuivent leur évolution et ne tardent pas à éclore.

SOINS À DONNER AUX JEUNES POISSONS APRÈS LA NAISSANCE.

En naissant, les jeunes poissons ne montrent pas tous le même instinct.

La plupart de ceux dits *poissons blancs, poissons d'été,* comme la carpe, se dispersent presque aussitôt dans l'eau et se dérobent par leur vivacité et leur petitesse à toute espèce de protection. L'essentiel, pour ces espèces, est que les eaux dans lesquelles on les fait développer ou dans lesquelles on les jette, lorsqu'ils sont nés ailleurs, leur offrent de bonnes conditions de sécurité, de température et d'abri.

Les espèces de la famille des saumons, le *féra* excepté, ont, au contraire, au sortir de l'œuf, une énorme poche, ou *vésicule ombilicale,* qui les condamne à l'immobilité et les rend incapables de se soustraire par la fuite à la voracité de leurs ennemis. L'action de l'homme doit donc ici intervenir, et elle le peut d'une manière efficace en conservant, pendant quelque temps, ces espèces précieuses dans les appareils. On les y laisse dans le repos le plus absolu, à l'abri de la vive lumière et sans les nourrir; les éléments contenus dans l'énorme vésicule qu'ils portent fournissent à leurs besoins durant un mois environ. Lorsque cette vésicule est sur le point de s'effacer complétement, ce qui arrive vers la fin de la cinquième ou sixième semaine, on les retire alors des rigoles en terre, soit pour les mettre dans de petits ruisseaux, dans des bassins d'alevinage, préalablement purgés, autant que possible, de tout animal destructeur, soit pour les porter directement dans les pièces d'eau, les étangs, les rivières qu'ils sont destinés à peupler.

MOYENS DE TRANSPORTER LES JEUNES POISSONS.

Le transport des poissons se fait avec d'autant plus de sécurité que les sujets sont plus jeunes.

Transport des poissons à la veille de perdre la vésicule ombilicale.

Pour transporter les poissons qui ont perdu, ou qui sont sur le point de perdre leur vésicule ombilicale, on se sert de bocaux de la capacité de deux à trois litres, enfermés dans des paniers à compartiments (des paniers à bouteilles, par exemple) et remplis aux deux tiers d'une eau fraîche et limpide. Chaque bocal ne doit pas contenir plus de 500 à 600 sujets environ. On leur fait de la sorte parcourir de grandes distances et avec des pertes insignifiantes ou nulles si, pendant le voyage, on a le soin de renouveler de deux en deux heures, une bonne partie de l'eau des bocaux. Cette précaution est surtout nécessaire lorsque la température de l'air est élevée.

Transport des poissons à l'état de feuille.

S'il s'agit de poissons qui ont déjà atteint la taille de 5 à 6 centimètres, les bocaux sont insuffisants. De petits tonneaux à large ouverture, bien dépouillés, par une longue macération, des substances nuisibles dont le bois aurait été pénétré, remplissent alors les conditions désirables. On les emplit à moitié environ d'une eau à basse température, que l'on renouvelle également durant le trajet, si cela est possible, ou que l'on aère de temps en temps à l'aide d'une pompe à jet continu, plongeant dans le tonneau et y rejetant l'eau. Plusieurs milliers de petits poissons peuvent de la sorte être emportés au loin.

On transporte aussi par le même moyen, mais en petit nombre seulement, des poissons d'assez grande taille.

Transport de la montée d'anguille.

L'anguille est une des espèces d'eau douce dont la pêche peut fournir d'abondants produits. Sa chair est estimée, son accroissement rapide; il importe de l'introduire, en aussi grand nombre que possible, dans les eaux qui en sont dépourvues. On le peut d'autant mieux qu'on la recueille à l'état d'alevin, auquel on donne le nom de *montée*, en quantité prodigieuse. Cette récolte est annuelle et se fait dans tous nos fleuves aux syzygies d'avril et de mai.

Pour faire parvenir la *montée* des lieux où s'en fait la pêche à ceux auxquels on la destine, le moyen qui a le mieux réussi jusqu'à ce jour est celui qui consiste à mettre les jeunes anguilles à sec, dans des paniers à mailles serrées, au fond desquels on étale un vieux linge ou du papier un peu fort, et que l'on emplit, sans trop la tasser, de paille bien imbibée à tige entière, à laquelle on associe quelques plantes aquatiques.

Des paniers ainsi organisés peuvent recevoir deux et même trois livres de *montée* vivante, c'est-à-dire de 4,000 à 5,000 jeunes anguilles.

AMÉNAGEMENTS PROPRES À FAVORISER LES PONTES NATURELLES. — FRAYÈRES.

Concurremment avec ces moyens de propagation, l'action de l'homme doit encore intervenir, soit pour ménager les lits de ponte naturels, soit pour les multiplier artificiellement lorsqu'ils sont insuffisants, soit pour en créer lorsqu'il n'en existe pas ou qu'ils ont été détruits.

Dragage des cours d'eau.

Ainsi, lorsqu'il y aura nécessité de draguer une partie de rivière que l'on sait être un lieu de reproduction pour les truites ou pour toute autre espèce qui fraye dans les cailloux, il faudra ne faire l'opération qu'après les éclosions, et, si c'est possible, laisser pour les pontes ultérieures quelques réserves sur les points les plus favorables.

Faucardement des herbes aquatiques.

Il en sera de même pour la coupe des herbes dans les lieux où les poissons se rassemblent pour frayer. Cette coupe ne devra s'effectuer qu'après les pontes, et, s'il y a urgence de la pratiquer avant, on conciliera les exigences du service avec les intérêts de la reproduction, en laissant de distance en distance, sur les points les plus fréquentés par les poissons, les mieux protégés et les moins profonds, des massifs de végétaux.

Dans les cours d'eau dépourvus de frayères naturelles, dans ceux où, par suite de travaux exécutés en vue des besoins de la navigation, elles ont été complétement supprimées, on supplée à ce défaut de conditions nécessaires à la reproduction, par des frayères artificielles, que l'on établit un mois environ avant l'époque ordinaire des pontes. Frayères artificielles.

L'organisation de ces frayères, leur position, les matériaux propres à leur construction, varient nécessairement selon l'espèce à laquelle elles sont destinées.

Pour les saumons, les truites, les ombres, on choisit dans un ruisseau ou dans un bras de rivière, et à une petite profondeur, un fond solide dépourvu de vase, de végétation, lavé par une eau courante et limpide, et l'on couvre ce fond, sur une étendue de 2 à 3 mètres carrés, d'une couche de 10 à 20 centimètres de petits cailloux roulés, mêlés à du gravier. Les plus forts cailloux doivent avoir à peu près le volume du poing. Frayères à truites, etc.

C'est aussi avec des cailloux un peu plus petits et du gravier, disposés par tas dans des courants modérés, que l'on prépare des lits de ponte au barbeau et à d'autres espèces dont les œufs se fixent aux pierres. Frayères à barbeau, etc.

Quant aux frayères destinées aux carpes, aux tanches, et généralement à tous les autres poissons dont les œufs se collent aux herbes, on les établit, soit avec de simples gâteaux de gazon un peu dru, que l'on arrange côte à côte sous forme de prairie, soit avec des végétaux aquatiques, des joncs enlevés avec la terre qui les soutient et replantés par groupe sur le fond même des rivières, ou dans des caisses plates en bois; soit encore avec des lattes ou Frayères à carpe, etc.

perches d'un mètre et demi à deux mètres de long, dont on compose une sorte de clayonnage auquel on attache des touffes d'herbes ou de racines, des bottes de bruyère, de menu bois ou de joncs, de manière à simuler de petits massifs.

Ces frayères doivent être placées à de petites profondeurs, sur les bords en pente douce des anses, des gares bien exposées au soleil et dans des eaux tranquilles et chaudes. On leur donne une position oblique ou horizontale, selon que les localités le commandent, et un lest en pierre sert à couler celles qui sont clayonnées.

Protection des frayères.

Les frayères, qu'elles soient naturelles ou artificielles, attirent le poisson sur le même point et rendent sa capture abondante et facile; aussi, est-ce sur elles que le maraudage exerce particulièrement ses manœuvres coupables. Pour en arrêter les effets dévastateurs, il faut, partout où la surveillance ne peut s'exercer efficacement, garantir les frayères et leurs abords, soit avec des fragments de roche disséminés sur le fond, soit à l'aide de pieux solidement piqués à la distance de quelques mètres les uns des autres et armés de clous dans leur partie saillante. Ce moyen rend impossible le jeu des filets à jet, tels que l'*épervier*, et annihile l'effet de la *seine* et autres filets traînants.

Mesures générales propres à favoriser et à protéger la reproduction naturelle.

Pour compléter les mesures propres à assurer le repeuplement des cours d'eau, il faut enfin protéger la reproduction naturelle, en facilitant aux poissons, par la destructions des barrages, l'accès des lieux de ponte, en veillant à ce que les espèces ne soient ni pêchées, ni troublées, au moment du frai; en éloignant des frayères tout ce qui peut être nuisible aux œufs qui y sont déposés ou aux jeunes qui viennent de naître.

La loi fournit des moyens d'exercer cette protection.

Les canards, les oies, étant essentiellement destructeurs des œufs et du fretin, doivent être soigneusement écartés, pendant la période des pontes au moins, des cantonnements de reproduction.

RESSOURCES QUE PEUT OFFRIR L'ÉTABLISSEMENT DE PISCICULTURE DE HUNINGUE, APPARTENANT AU GOUVERNEMENT, POUR LE REPEUPLEMENT DES EAUX AVEC DES POISSONS DE LA FAMILLE DES SALMONIDES.

L'établissement de pisciculture de Huningue, qui fonctionne depuis dix ans dans le but d'encourager la pisciculture et le repeuplement des eaux de la France, est en mesure de fournir de précieuses ressources en œufs fécondés et en alevins de la famille des salmonides, lorsqu'on ne trouve pas sur place les éléments nécessaires pour accomplir les fécondations artificielles dont il a été parlé ci-dessus.

Espèces susceptibles d'être expédiées.

Cet établissement expédie chaque année, pendant l'hiver, aux personnes qui en font préalablement la demande, des œufs fécondés de truite commune, truite saumonée, truite des lacs, saumon du Rhin, ombre chevalier, féra, et au printemps éventuellement des œufs fécondés de saumon heuch et d'ombre commun.

Des alevins des mêmes espèces sont aussi fournis aux personnes qui consentent à faire prendre ces alevins à l'établissement.

Mode d'expédition.

Les œufs de saumon, de truite et d'ombre ne sont expédiés qu'après un certain temps d'incubation, lorsque l'embryon y est parfaitement visible à l'œil nu, et que l'on a, par conséquent, la certitude qu'ils ne seront pas stériles.

Pour les faire parvenir à destination sans qu'ils s'altèrent, on a le soin de les renfermer dans des boîtes garnies de plantes aquatiques ou de mousses plus ou moins humides, entre lesquelles on les place, soit en un seul bloc, soit par couches alternes.

Déballage des œufs.

Les personnes auxquelles l'établissement expédie, n'ont donc, après avoir ouvert la boîte, qu'à enlever la couche supérieure d'herbes ou de mousses pour découvrir ces œufs, et, quand ces œufs sont ainsi mis à nu, qu'à les verser, en soutenant avec la main le lit sur lequel ils reposent, dans un vase (cuvette ou baquet) rempli d'une eau pure, dont la température peut varier de 4 à 10 degrés au-dessus de zéro. Si, au-dessous de ce premier lit, il s'en trouve un second, elles répéteront la même manœuvre autant de fois que cela sera nécessaire pour vider la boîte.

On peut également faire l'opération en versant à la fois tout le contenu de la boîte, mousses et œufs, dans le baquet; l'on retire ensuite par pincées, en les secouant légèrement, les végetaux qui ont servi à l'emballage; et les œufs, comme dans la manœuvre précédente, tombent au fond du récipient, d'où on les fait passer, soit à l'aide d'une cuiller, soit avec la main, dans un appareil à éclosion, à moins qu'on ne préfère les y verser directement à l'aide du baquet.

Après le déballage, si quelques œufs isolés sont restés engagés entre les brins d'herbes ou de mousses, on les extrait avec une pince ou avec les doigts, sans inconvénient pour l'embryon.

Dans le cas où, malgré toutes les précautions prises pour éviter la gelée pendant le voyage, les œufs en ont subi les atteintes, il faut alors verser le contenu de la boîte dans une eau qui n'ait pas plus de 1 à 2 degrés au-dessus de zéro, et l'y laisser séjourner quelques heures; par ce moyen le dégel s'opère peu à peu, et l'on évite le danger qu'il y aurait de faire passer trop subitement les œufs d'une température basse à une température plus élevée.

Lorsque, par un motif quelconque, on n'a pas le temps de déballer les œufs au moment de leur réception, et qu'on est obligé de renvoyer l'opération au lendemain, *ce qu'il faut éviter autant que possible,* il est essentiel de placer la boîte non ouverte dans un lieu frais.

Les œufs arrivés en bon état sont turgescents, transparents, laissent apercevoir les formes de l'embryon et offrent des couleurs assez franches. Ceux du saumon commun ont ordinairement 7 millimètres de diamètre, et sont caractérisés par leur jolie couleur d'un rouge groseille tendre; ceux de la truite des lacs, un peu moins volumineux, ressemblent à des groseilles blanches; ceux de la truite commune, fort variables pour la taille, rappellent le succin par leur coloration jaune pâle; ceux de l'ombre chevalier, plus petits généralement que ceux de la truite commune, sont d'un gris clair ou blanchâtre; ceux du saumon heuch ont la même nuance, mais sont aussi gros que ceux de la truite des lacs.

Les œufs qui ne présentent pas la transparence et la coloration qui leur sont propres, qui offrent des taches opaques blanches plus ou moins étendues, et qui sont complétement d'un blanc mat, comme si leur contenu était coagulé, sont morts et ne doivent, par conséquent, pas être soumis à l'incubation.

Incubation et soins à donner aux œufs.

Les appareils qui permettent d'avoir toujours les œufs sous les yeux, sans que l'on ait besoin de les retirer de l'eau, sont ceux qu'il faut préférer, parce qu'il rendent la surveillance facile.

Si, au moment de la réception de l'envoi, on n'a pas d'appareil, on peut placer *provisoirement* les œufs dans une cuvette où l'on fait tomber un filet d'eau d'une fontaine, d'un baquet, d'un tonneau, de manière à y établir un léger courant. On peut aussi les placer dans un ruisseau naturel à fond graveleux, à condition qu'ils y seront, en attendant une destination plus commode, à l'abri de tout accident, et que l'eau ne sera ni très-profonde, ni très-courante, ni trop froide, ni trop chaude. La température la plus convenable pour l'incubation des œufs de salmonides est celle qui, offrant le moins de variations, se maintient entre 6 et 10 degrés centigrades au-dessus de zéro.

Dans aucun cas, les œufs ne doivent être abandonnés au hasard, en pleine rivière ou dans un lac; les soustraire aux soins qu'ils réclament serait s'exposer à un insuccès. Ces soins consistent à entretenir autour d'eux, la propreté; à les débarrasser des sédiments que les eaux non filtrées déposent abondamment, et de tous les petits animaux aquatiques qui les altèrent en les piquant; à maintenir dans l'appareil où on les place un courant continu et modéré; à ne pas les laisser entassés, leur accumulation empêchant la surveillance de s'exercer efficacement sur tous, et à retirer soigneusement une fois par jour, à l'aide d'une pince, les œufs blancs. Ces œufs étant frappés de mort, deviennent le siége d'une végétation parasite, qui nuit aux autres lorsqu'on néglige de les enlever.

Soins à donner aux jeunes poissons.

Au sortir de l'œuf, les jeunes salmonides portent une énorme vésicule ombilicale qui les condamne, pendant cinq à six semaines, à une immobilité à peu près complète. Durant ce temps, si on les conserve dans l'appareil où ils sont nés, il faut les laisser autant que possible dans le *repos le plus absolu, à l'abri de la vive lumière,* et leur continuer les soins de propreté. Au bout de six semaines, la vésicule ombilicale étant presque entièrement résorbée, et son contenu ne pouvant plus suffire à leur nutrition, les jeunes cherchent à manger. Il faut alors les mettre dans un bassin, dans un cours d'eau où ils puissent trouver une nourriture naturelle, et, à défaut, fournir à leur alimentation, en leur donnant par petites quantités, deux ou trois fois par jour, de la chair musculaire crue de mammifères, de poissons, de grenouilles, que l'on convertit en une sorte de bouillie, en la hachant et en la pilant. Mais, il faut avoir le soin, lorsqu'on les soumet à ce régime dans une eau qui n'est pas courante, de purger de temps en temps le bassin des dépôts que forment les particules animales qui n'ont pas été dévorées.

Ce qu'il y aurait de mieux, si l'on possédait un bassin spacieux, dépourvu de tout animal nuisible, serait, après avoir conservé les jeunes poissons deux ou trois semaines dans l'appareil, de les mettre en pleine eau, leur laissant le soin de pourvoir eux-mêmes à leurs besoins.

Observations relatives aux œufs de féra.

L'établissement de pisciculture de Huningue n'expédie pas les œufs de féra à l'état embryoné, parce que leur petit volume en rend la manipulation trop difficile. Pour les faire parvenir à destination avec le moins de perte possible, il les distribue immédiatement après la fécondation.

Les personnes qui reçoivent ces œufs doivent les semer comme du grain, c'est-à-dire les jeter à la volée sur les bords des lacs, des grands étangs, des fleuves, là où les eaux sont peu profondes, les fonds graveleux, légèrement boueux ou même couverts d'herbes.

Si on veut les faire éclore dans des appareils incubateurs ou dans des ruisseaux artificiels, il faut garnir ces appareils ou ces ruisseaux de coussins formés avec des plantes aquatiques assez peu immergées pour que la capillarité seule y entretienne une constante humidité.

Le courant qui passe à travers les couches inférieures de ces lits incubateurs suffit à maintenir dans les couches supérieures l'humidité voulue, et les œufs mêlés à ces dernières s'y développent avec la plus grande régularité.

A mesure que les jeunes éclosent, le courant les entraîne soit dans un baquet inférieur, soit dans les eaux libres, suivant qu'on opère dans un laboratoire ou dans un ruisseau.

Au sortir de l'œuf, les jeunes féras, au lieu de rester immobiles pendant cinq ou six semaines comme les autres salmonides, se mettent immédiatement à vaguer à la surface. Il n'y a donc qu'à leur donner la liberté. Mais, dans le cas où on voudrait les élever en captivité, il faudrait, pour les nourrir, réduire en poussière du foie desséché, et jeter cette poussière à la surface de l'eau. Ils en sont très friands, pourvu qu'elle soit assez fine.

Imprimerie impériale. — Mars 1864.

www.ingramcontent.com/pod-product-compliance
Ingram Content Group UK Ltd.
Pitfield, Milton Keynes, MK11 3LW, UK
UKHW022119260726
13993UKWH00003B/1111

9 782329 144757